Auto da Barca do Inferno

CLÁSSICOS ATELIÊ

Auto da Barca do Inferno

Gil Vicente

Apresentação e Notas
Ivan Teixeira

Ateliê Editorial

Direitos reservados e protegidos pela Lei 9.610 de 19.02.1998.
É proibida a reprodução total ou parcial sem autorização,
por escrito, da editora.

1ª ed. – 1996 / 2ª ed. – 1996 / 3ª ed. – 1997
4ª ed. – 1998 / 5ª ed. – 2001 / 6ª ed. – 2003
7ª ed. – 2005 / 8ª ed. – 2006 / 9ª ed. – 2008
10ª ed – 2009 / 11ª ed – 2010 | 1ª reimp. – 2011
12ª ed. – 2012 | 1ª reimp. – 2014 | 2ª reimp. – 2016 | 3ª reimp. – 2021
13ª ed. – 2023 | 1ª reimp. – 2024 | 2ª reimp. – 2025

Dados Internacionais de Catalogação na Publicação (CIP)
(Câmara Brasileira do Livro, SP, Brasil)

Vicente, Gil, *ca.* 1465-1536?
Auto da Barca do Inferno/Gil Vicente;
apresentação e notas Ivan Teixeira. – Cotia, SP:
Ateliê Editorial, 2023. – (Clássicos Ateliê)

Bibliografia.
ISBN: 978-65-5580-092-0

1. Teatro português I. Teixeira, Ivan. II. Título III. Série.

23-142000 CDD-869.2

Índice para catálogo sistemático:
1. Teatro: Literatura portuguesa 869.2
Aline Graziele Benitez – Bibliotecária – CRB 1/3129

Direitos reservados à
ATELIÊ EDITORIAL
Estrada da Aldeia de Carapicuíba, 897
06709-300 – Cotia – SP – Brasil
Tel.: (11) 4702-5915 | contato@atelie.com.br
www.atelie.com.br | instagram.com/atelie_editorial
facebook.com/atelieeditorial | blog.atelie.com.br

Printed in Brazil   2025
Foi feito o depósito legal

Sumário

A BARCA É UMA FESTA – *Ivan Teixeira* 7
Estrutura e Posição do Texto...................... 11
Sátira Social e Moralidade 13
Arte Gótica.................................... 15
Roteiro de Leitura 18
Humanismo 28
Teatro Poético..................................29
Alegoria 32
Texto da Presente Edição........................ 32

AUTO DA BARCA DO INFERNO...................35

GIL VICENTE E O BARULHO DE LISBOA
(VIDA E OBRA) – *Ivan Teixeira* 101
Origens...................................... 103
Um ou Três "Gis Vicentes"?.................... 104
Cenário e Relação das Peças.................... 105
Lisboa Renascentista 106
Moralismo Cético............................ 108

BIBLIOGRAFIA 109

A Barca é uma Festa

Ivan Teixeira

Ao Medina, poeta do ensino.

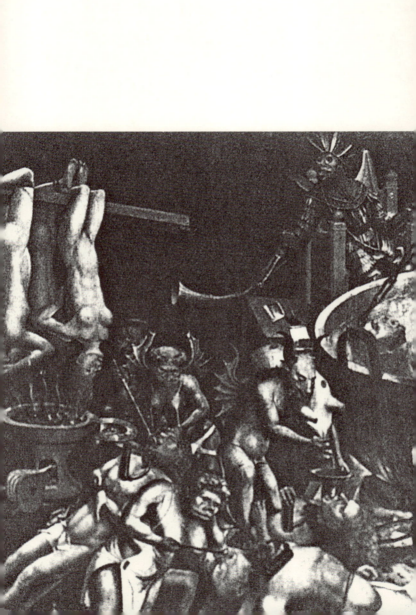

Inferno, *painel português do século XVI. Museu das Janelas Verdes, Lisboa.*

Estrutura e Posição do Texto

No Museu das Janelas Verdes, em Lisboa, existe um quadro que poderia ilustrar o *Auto da Barca do Inferno*, de Gil Vicente. Trata-se de um painel anônimo da primeira metade do século XVI, reproduzido no presente volume. Concretiza a ideia que então se tinha do inferno, tal como o concebeu a imaginação católica da Idade Média. No centro, há um enorme caldeirão com cinco condenados dentro. Dois são padres. Ao redor, homens e mulheres, todos nus, são torturados por horríveis demônios. O fogo domina tudo. No canto da esquerda, uma diaba extrai com um ferro moedas da boca de um homem amarrado. Este, em vida, deve ter idolatrado o dinheiro, figura que Gil Vicente retrata como o Onzeneiro. À sua direita, próximo ao caldeirão, outro demônio despeja o conteúdo de um porco na boca de um homem deitado. Pode estar sendo *pingado*, isto é, o conteúdo derramado deve ser banha fervente, processo também mencionado no auto vicentino. Embaixo, à direita do quadro, há outro frade, subjugado pela nudez de uma mulher, a maior fraqueza dos frades de Gil Vicente. Atrás, presidindo ao festival de torturas, aparece um demônio especial, com ares de rei dos tormentos, que lembra o protagonista do *Auto da Barca do Inferno*.

Jerônimo Bosch, que morreu um ano antes da encenação deste auto (1517), tornou-se célebre por quadros desse tipo. O *Cancioneiro Geral* de Garcia de Resende, dessa mesma época, também apresenta descrições do inferno.

Enfim, a *Divina Comédia* de Dante, a maior alegoria sobre a vida após a morte, impregnou toda sensibilidade do final da Idade Média. Do ponto de vista técnico, o auto de Gil Vicente também possui semelhanças com o painel anônimo português. Ambos são primitivos, carecem da noção de perspectiva e gostam de pequenas aglomerações humanas. Da mesma forma, fundem o real com o imaginário, colocam-se a serviço de conceitos da igreja católica. Por sinal, o catolicismo, nessa altura, começou a enfrentar a maior crise de sua história: a Reforma protestante. Lutero era também atormentado com a ideia do pecado e do inferno. Tal preocupação levou-o a formular o conceito da predestinação das almas, noção nova para o tempo.

Haveria alguma diferença importante entre o painel das Janelas Verdes e o *Auto da Barca do Inferno*? Sim. O pintor era austero e pesadão. Muito estático e sem humor. Suas figuras são quase esculturais. Gil Vicente, ao contrário, concebeu demônios perversamente graciosos, dominados pela ironia. Assim é o capitão da barca do inferno, cuja linguagem não dispensa o palavrão nem as insinuações picantes. Demonstra-se até simpático em sua mordacidade contra o nobre, o frade, o juiz e outros aproveitadores. O criador do teatro português deve ter apreciado Erasmo de Roterdã, cujo *Elogio da Loucura*, de 1509, caracteriza-se pela sátira espirituosa. Gil Vicente é o maior representante desse tipo de literatura em Portugal. Por essa perspectiva, filia-se à tradição menipeia, isto é, aquela criada por Luciano de Samósata, escritor grego do século II. O *Auto da Barca do Inferno* é semelhante a um de seus livros, *Diálogos dos Mortos*. Nele, o autor idealiza a conversa do barqueiro Caronte com seus passageiros, durante a travessia do Letes, que separa os dois lados da vida. Enfim, a ideia básica de Gil Vicente pertence a tempos imemoriais. Esse tipo de literatura meio fantástica, humorística e alegórica foi também aproveitado por Machado de Assis, cujas *Memórias Póstumas de Brás Cubas* apresentam o relato produzido por um defunto.

Sátira Social e Moralidade

O Anjo e o Demônio são figuras paradoxais no cenário do *Auto da Barca do Inferno*. O Anjo é sem graça; só consegue dar boas-vindas a um bobo e a quatro cruzados que morreram pela expansão do cristianismo, no norte da África, em luta contra os islamitas. O Diabo é liberal; recebe todo mundo com humor e simpatia, ainda que falsa. Só não recebe o Judeu, por razões bastante complexas. Seria por que os hebreus possuíam uma religião tão diferente da católica que pareceria injusto julgá-lo por critérios cristãos? Ou seria por que Gil Vicente, neste auto, o considera tão ruim a ponto de o rivalizar com o próprio Demônio? Difícil saber. Mas sabe-se que a posição vicentina diante dos judeus foi contraditória. Às vezes ele os defende; às vezes, os ataca. Em Portugal, na ocasião, houve diversos tumultos de cristãos contra judeus. Isso, de certa forma, está representado no *Auto da Barca do Inferno*. Na verdade, toda a vida social portuguesa do fim da Idade Média acha-se genialmente captada neste auto.

Gil Vicente era um mestre da representação social. Suas personagens pertencem à categoria dos tipos, espécie de personagem mais própria para simbolizar as diversas camadas da sociedade. Há gente da nobreza, do clero e do povo. Todavia, as diferenças de hierarquia, tão importantes na vida real, se anulam perante as ironias do Diabo. Ele só leva em conta a essência das pessoas. Se bons, ao céu; se maus, ao inferno. Mas há um elemento intrigante em tudo isso, sugerido acima. Apesar dos futuros tormentos que reserva para todos, o Diabo é ótimo anfitrião. Discute, argumenta, pondera o que as pessoas têm a dizer, antes de condená-las. O Anjo, ao contrário, mantém-se caladão. Argumenta pouco e é autoritário. No caso do Judeu, nem lhe dirige a palavra. A existência na barca do Anjo é muito calma. Os quatro cruzados, ao se dirigirem a ela, expressam a ideia de que a verdadeira vida começa na morte. Só sabem cantar hinos em louvor a Deus. Por outro lado, as pessoas recebidas pelo Demônio transbordam de alegria terrena. Trazem mais nervos, embora sempre aplicados à obtenção de vantagens. Enfim, o pensamento básico do *Auto da Barca do Inferno* é contra a vida como ela é. Moraliza em sentido contrário à dinâmica das coisas, como se os interesses humanos não possuíssem os próprios mecanismos de proibição e liberdade. Assim como um governo regulador das taxas do mercado, esta peça procura impor normas à sociedade. Por essa perspectiva, o autor torna-se meio submisso à moralidade católica, quase sempre repressora. Quer dizer, ele pensa como católico, porque acreditava na religião. No *Auto da Índia*, condena a expansão do dinheiro, em nome da preservação da família, que deveria se basear em conceitos estáticos da tradição, e não no vaivém da busca pela sobrevivência. Todavia, esse argumento não limita o teatro vicentino, porque a ética de seus autos é sempre superada pela arte. É isso que os torna tão atuais. Embora não se conceba mais o inferno como ele o concebia, o *Auto da Barca do Inferno* permanece vivíssimo. Por isso, em sentido contrário ao que se disse acima, é possível afirmar também que o catolicismo é que foi utilizado por Gil Vicente, na medida em que se valeu dele para construir os autos.

A crítica literária sempre exaltou o zelo de Gil Vicente pela virtude, esquecendo-se de que isso, às vezes, pode ser tão opressivo quanto a hierarquia do poder, que o dramaturgo não cansava de criticar. Enfim, ele foi o teatrólogo da corte de D. Manuel e D. João III, durante as três primeiras décadas do século XVI. Na época, a nobreza possuía seus artistas oficiais. Em certa medida, estes eram obrigados a expressar em arte os preceitos que, teoricamente, orientavam reis e fidalgos. Isso pode explicar, em parte, as críticas de Gil Vicente contra o clero, porque, não raro, a igreja se opunha aos interesses da coroa. Todavia, jamais questionou a ideia de uma religião santa e imaculada, que, em rigor, nunca existiu. Se visto pela teoria do crítico russo Mikhail Bakthin (a tradição luciânica), o teatro vicentino pode ganhar um pouco mais de flexibilidade, coisa que já possui em larga escala, mesmo quando lido pela óptica da ação moralizadora do autor.

Arte Gótica

Composição típica do teatro vicentino, o *Auto da Barca do Inferno* é uma alegoria moralizante ou, simplesmente, um "auto de moralidade", como o próprio autor o denominou. Falta-lhe unidade de ação, isto é, não conta uma estória com suspense ou surpresa na trama, como era usual no teatro clássico grego, que ele não conheceu. Ao fundar o teatro português, em 1502, com a encenação do *Monólogo do Vaqueiro*, Gil Vicente julgava estar inventando o teatro no mundo, em continuação à recente tradição dos dramaturgos espanhóis Torres Naharro e Juan del Encina. A ausência de conflito dramático nesse tipo de teatro corresponde mais ou menos ao desconhecimento da perspectiva em pintura, como se pode observar nos quadros religiosos do fim da Idade Média. Nesse sentido, e também pela religiosidade, o teatro vicentino pode ser classificado de gótico, como as pinturas de Cimabue, Duccio e Giotto. As catedrais da baixa Idade Média, em cujos frisos de baixo-relevo há inúmeras figurações de almas penando no inferno, são a máxima expressão da arte gótica. Enfim, o *Auto da Barca do Inferno* está para a literatura europeia, assim como o gótico está para as artes plásticas: marca o fim da Idade Média e o início do Renascimento. Não se pode esquecer, por exemplo, que a Capela Pazzi de Brunelleschi, inauguradora da arquitetura renascentista, ainda possui traços medievais. O mesmo acontece com o teatro vicentino, com a diferença que tende mais para a Idade Média. A função didática dos frisos, esculturas, vitrais e pinturas do período gótico torna mais evidente o parentesco de Gil Vicente com as artes plásticas da época.

O didatismo de tal arte consistia em representar episódios bíblicos mediante unidades justapostas, sem coesão narrativa. Apenas insinua uma estória. O *Auto da Barca do Inferno* também se baseia na coordenação de quadros isolados, que só se interligam pela presença do Diabo e do Anjo, o que ainda não lhe dá unidade narrativa. Limita-se a abordar fragmentos das vidas dos condenados, constituindo-se numa sequência linear de cenas, justapostas umas às outras. Num certo sentido, sua finalidade é igualmente didática, pois pretendia ensinar a virtude e combater o vício. Por isso, classifica-se como teatro alegórico. O conceito de alegoria será retomado mais adiante.

O *Auto da Barca do Inferno* pode ser também considerado expressão da arte gótica porque enfatiza o tema da morte. Com efeito, o auto revela influências das famosas Danças Macabras, tipo de literatura bastante divulgado durante a Idade Média europeia. O crítico português Queirós Veloso assim descreve essas danças: "[...] ronda infernal de defuntos, de todas as condições e de todas as idades, dançando com esqueletos, para significar o poder absoluto da Morte sobre o homem, por mais alta que seja a sua hierarquia". Atualmente, na Inglaterra, os romances de mistério e terror, em que a morte é uma ameaça constante, são considerados literatura gótica, que esteve muito em moda no século XVIII nesse país.

Anjo   Companheiro   Diabo

Roteiro de Leitura

A peça abre-se com os preparativos do embarque do Diabo para sua morada. Em cena, dois navios: o do inferno e o do céu. Diante deles, os respectivos comandantes: o Diabo e o Anjo. Quem primeiro fala é o Diabo, que demonstra muita euforia em sua função de transportar as almas perdidas. Pertence à tradição clássica a ideia de que um barqueiro conduzia as almas na travessia da fronteira entre a vida e a morte, conforme se viu acima. O Diabo convoca os passageiros e dá ordens ao ajudante, mostrando-se muito inquieto. Demonstra conhecimento sobre o equipamento do navio. É excelente capitão ou arrais. Do ponto de vista artístico, o Diabo é, de longe, a melhor personagem da peça. Apresenta extrema desenvoltura em sua linguagem insinuante e irônica. Trata todos como verdadeiro anfitrião, louvando os vícios que os trouxeram à barca. Possui gestos delicados, palavras agudas e quase sempre ambíguas. Às vezes, demonstra seu lado cruel; mas, via de regra, é um magnífico dissimulado.

O primeiro a chegar é um nobre, D. Anrique. Dentre as personagens itinerantes, esta é a que permanece mais tempo em cena. Traz consigo um pajem, que lhe segura a cauda do manto e lhe traz uma cadeira. O manto e a cadeira são as insígnias de sua fatuidade, de seu destino vazio. O Demônio obriga-o a embarcar, fundado na ideia de que a vida dele determinou a condenação. O Fidalgo se defende, conquistando o direito de recorrer ao Anjo, que, soberbo e quase indiferente, o acusa de presunção e tirania. Abusara dos pobres. Por isso, não pode ser recebido no céu. O Fidalgo torna à outra barca. Aí, o Demônio sente mórbido prazer em demonstrar que a mulher dele o traíra em vida, tendo ficado feliz com sua morte. Derrotado, o Fidalgo precipita-se na quentura da barca. Esse procedimento repete-se com

Fidalgo

Onzeneiro

os demais passageiros. Literariamente, o Fidalgo também é personagem forte, sobretudo por seu arrependimento final, quando reconhece que vivera erradamente:

> Ao Inferno todavia!
> Inferno há í pera mi?!
> Ó triste! Enquanto vivi
> não cuidei que o í havia.
> Tive que era fantasia;
> folgava ser adorado;
> confiei em meu estado
> e nom vi que me perdia.
> – Venha essa prancha! Veremos
> Esta barca de tristura.

O Onzeneiro (agiota, usurário) traz uma grande bolsa vazia. Apesar da ganância em vida, nada conseguiu trazer para a morte. De tudo o que juntara na terra, nada lhe valeu contra a austeridade do Anjo e a astúcia do Diabo. Depois, vem o bobo Joane, que derrama um enorme xingamento contra o capitão do inferno, ao perceber que este o quer levar. Mas o Anjo pondera que os males causados pelo Bobo decorriam de inocência, e não da malícia. Por isso, determina que fique ao lado de sua barca, aguardando a decisão. Aí, como observador, passa a auxiliar o Anjo em sua análise das almas que vão chegando. Como ocorre com todas as personagens, a linguagem de Joane é moldada de acordo com sua ocupação em vida. É tosca, repleta de simplicidades fortes. Dá a medida de seu estado social e de seu espírito. Gil Vicente era mestre em captar os diversos níveis de fala da sociedade.

O Sapateiro traz um carregamento de formas, com as quais roubava os clientes. Se o Demônio o ameaça, o Anjo consuma a condenação, afirmando que a carga impossibilita seu embarque para o céu. Como as demais personagens, o

Joane   Sapateiro

Sapateiro tem uma certa complexidade: roubava, é verdade; mas nem por isso deixava de ir à igreja e ajudar os outros. Possui traços humanos. Um pouco mais de psicologia individual, e deixaria de ser um simples conceito. Isso também se reflete em sua linguagem, semelhante à do bobo Joane. Em meio ao vazio da morte, o Sapateiro agarra-se às formas, que lhe deram vida na terra. Com isso, Gil Vicente quer representar o apego do homem aos valores materiais, que o teatrólogo considerava ilusórios.

Logo após, surge o Frade, trazendo pela mão a namorada Florença. Ambos cantam e dançam. Além da mulher, suas insígnias são a espada, o escudo e o capacete, que representam sua paixão pela vida e pelo esporte. Ama a esgrima, o canto e a dança, mas não demonstra nenhuma identidade com o sacerdócio. Figura um belo caso de vocação desencontrada. Quando recorre ao Anjo, o bobo Joane, que estava de lado, o fulmina com o argumento de que a namorada invalida seu direito de apelação. Como personagem, o Frade é também uma rica invenção de Gil Vicente. Traz certas incoerências muito humanas. Amava a vida e as mulheres. Talvez devesse ser condenado, pois não fora capaz de se decidir entre os prazeres e a penitência. Quis conciliar as coisas, e isso resultou em hipocrisia. Mas trata-se apenas de um defeito, e não propriamente de um crime imperdoável. Se o Anjo tivesse um pouco mais de flexibilidade, poderia perdoar o Frade. Enfim, Gil Vicente criou uma personagem capaz de gerar simpatia, sobretudo por seu respeito à namorada. Queria o melhor para ela, pois procurou livrá-la do inferno. Seu talento para a música e para a dança indicam um caráter vivaz e sensível. Mediante a condenação do Frade, pode-se ver o quanto Gil Vicente era rigoroso em sua moral. Mais do que isso, vê-se como sabia representar as inclinações que caracterizam os temperamentos e os tipos sociais.

Frade   Judeu   Brísida

Depois do Frade, aparece a mais terrível das almas penadas, a alcoviteira Brísida, cujos pertences são seiscentas virgindades. Passara a vida seduzindo meninas para os padres. Diante dela, o discurso do Diabo é insinuante, como se a quisesse conquistar para o amor. Representa um momento de elevada sabedoria poética de Gil Vicente. Embora seja apenas um conceito, essa personagem funciona como suporte para que o Diabo demonstre uma face mais humana de sua personalidade, tratando-a de *Senhora*, como nas cantigas de amor. Brísida é repugnante; por isso, o Diabo a deseja. Diante do Anjo, ela evoca o fato de ter auxiliado os padres em seus prazeres carnais. Funda nisso sua pretensão de ir para o céu. O Anjo a desconsidera; o Diabo a recebe, prometendo bons tratos. A alcoviteira simboliza o interesse puro e simples. Nada que faz lhe dá prazer. Funciona apenas como instrumento para a satisfação dos outros. Visa somente a um lucro sem graça. Seduz meninas, mas não as quer para si. Por outro lado, pratica bruxaria como meio de sedução. Quer dizer, conquistava mediante narcóticos e encantamentos. Aproxima-se dos traficantes de hoje. Pela ética atual, não teria salvação.

Depois de Brísida, vem o Judeu. Esta cena é o contrário das outras. Sua alma deseja embarcar, mas o Diabo a recusa. Traz um bode (insígnia da religião judaica) às costas, insistindo em embarcar com ele. O Diabo toma o bode como pretexto e não o deixa embarcar. O Judeu recorre ao Anjo, mas Joane não permite que chegue a falar, acusando-o de desrespeito à religião católica. Rejeitado por ambas as barcas, o Judeu é forçado a ir a reboque, com o bode preso a uma coleira. Como personagem, não possui maiores encantos. Funciona como simples alegoria de um tipo racial e cultural, contra quem, neste auto, Gil Vicente demonstra preconceito. Em termos atuais, tanto o Anjo quanto o Diabo seriam condenados por sua recusa do Judeu, pois não

Corregedor   Enforcado   Procurador

apresentam argumentos para isso. Na fala final do Diabo, neste quadro, há uma possível alusão ao mito de Ahasverus, o judeu errante, cujo destino é vagar sem paradeiro por causa de sua ofensa a Cristo.

Os três passageiros seguintes simbolizam a inconveniência da burocracia. São eles: o Corregedor, o Procurador e o Enforcado. Trazendo autos (insígnia) à mão, o Corregedor fala por fórmulas jurídicas, em latim. O Diabo o imita, produzindo um latinório bem engraçado. O Bobo mete-se a erudito e também se expressa em língua de advogado. A principal acusação, aqui, consiste na corrupção pelas vias legais. Nesse esquema, até a mulher do Corregedor tomara parte, sempre com o apoio do Procurador, que entra em cena carregando livros (insígnia). O Enforcado, ainda com a corda ao pescoço (insígnia), fora iludido pelo tesoureiro da Casa da Moeda, que lhe dissera ser honroso morrer por furtos. Essa personagem simboliza o ladrão idiota que rouba sem vantagens, servindo de mero instrumento aos mais espertos, que o manipulam de cima. Paga com a eterna perdição. Na verdade, essas personagens tipificam aspectos de um mesmo problema, que é o uso das instituições para privilégios pessoais. Também, aqui, a linguagem é poderoso instrumento para caracterização do nível das personagens.

Depois do Enforcado, vêm, enfim, os quatro Cavaleiros. Dirigem-se com altivez à barca do céu, desprezando a figura bisbilhoteira do Diabo. Recebidos como mártires da igreja, ganham a vida eterna como recompensa. Novamente, a linguagem procura traçar o perfil das entidades. Os Cavaleiros só cantam hinos, o que demonstra o interesse deles em conquistar o reino do céu. Não valem nada como criação de teatro. São bonecos que representam uma beatitude muito espiritualizada para ser real. Como guerreiros, deveriam mostrar pelo menos um pouco de amor às armas. Nesse particular, são personagens sem decisão, pois guerrea-

Cavaleiros

vam pensando no céu. A ética cristã do interesse, bem pouco apreciável hoje, agradava ao discurso do poder na Idade Média. A presença desses símbolos no fim da peça não deve levar o leitor atual a concluir que Gil Vicente acreditava, de fato, que o melhor da vida estava na espiritualidade assexuada, pois suas personagens mais interessantes nascem daquilo que condena. Expôs aquela ideia, mas não a encarnou em verdadeiros homens, como faz com o Padre, com o Sapateiro, com o Agiota e com os demais. O Bobo também é interessante, embora não tenha sido condenado. Na economia dramática do *Auto da Barca do Inferno*, o Diabo resulta infinitamente superior ao Anjo, traço curioso numa peça que procura combater a influência do Demônio.

HUMANISMO

No parágrafo anterior ficou esboçado o que se entende por Humanismo no teatro vicentino: ao abordar ideias religiosas, ele as encarna em pessoas vivas, com traços de sensível humanidade. Todo humanista europeu acredita na religião e no teocentrismo. Gil Vicente, enfim, enquadra-se no Humanismo por causa de seu estudo do aspecto terreno da manifestação de Deus, pois acreditava que o homem é a maior projeção de sua vontade. Muito além de um simples moralizador, Gil Vicente satiriza as paixões da natureza humana, também previstas pelo projeto divino. Com efeito, o dramaturgo não se preocupa apenas em converter ou moralizar. Delicia-se no retrato dos tipos, na caracterização das camadas e na reprodução das linguagens. Possui fascínio por descobrir o traço certo que possa se traduzir em símbolo expressivo dos diversos grupos sociais e dos vários temperamentos. Preocupava-se tanto com os tipos sociais quanto com os tipos psicológicos, conforme se vê pelas personagens do *Auto da Barca do Inferno*. O Judeu é apenas um tipo social, mas o Frade é predominantemente psicológico, embora seja também um estereótipo social. Da mesma forma com o Sapateiro. A Alcoviteira é um detestável aglomerado de traços estereotipados das pessoas viciadas na vantagem pela vantagem, sem nenhuma paixão que a justifique.

Teatro Poético

Afinal, em que consiste a grandeza do teatro vicentino? Consiste em sua atualidade, decorrente sobretudo do domínio sobre a poesia. Sua maior conquista é a linguagem poética, geradora de todas as complexidades de que se tem falado aqui. A experiência dele com os redondilhos é impressionante. As rimas, as agudezas, as metáforas, os trocadilhos, as ambiguidades, os paradoxos, os símbolos, os balanços rítmicos – tudo isso conduz ao universo das composições imortais. Ao lado de Camões e Pessoa, Gil Vicente é a maior expressão da arte portuguesa, que aliás só atingiu universalidade na literatura. Se tivesse escrito em prosa, talvez não fosse tão expressivo. Existe muita prosa expressiva, é claro. O que se pretende dizer é que o talento de Gil Vicente era essencialmente poético. Seu texto produz a impressão de que não poderia ser feito de outra forma. A enorme capacidade de representação social do teatro vicentino advém de sua inclinação para a poesia satírica, que depende da escolha certa, do tom preciso e agudo da palavra adequada. É exemplo dessa justeza a passagem em que o Judeu, diante do Diabo, dirige-se ao Fidalgo, já na barca, ordenando-lhe que insulte o barqueiro em seu nome. Esse pequeno traço insinua o poder do dinheiro nas relações sociais, pois afinal um judeu característico tinha ascensão sobre muitos nobres. Outro exemplo de força poética observa-se no seguinte trecho da fala do Demônio:

Ó padre frei-capacete!
cuidei que tínheis barrete!

Percebe-se, aqui, a concisão própria da boa poesia, em que se diz muito com pouco. O termo composto *frei-capacete* revela a duplicidade do comportamento do padre, que deveria se dedicar ao sacerdócio, e não à esgrima. *Barrete* é um tipo de gorro usado pelos clérigos, mas pode indicar também a posição hierárquica do usuário. Tal espécie de símbolo irônico aparece com frequência no *Auto da Barca do Inferno*.

Aliás, o traço mais característico do Diabo é a ironia, uma ironia fina e ferina, cortante. A ironia consiste em insinuar o contrário do que se afirma. Assim, as tiradas do Diabo possuem sempre duplo sentido. Às vezes, o Anjo também é irônico, como se observa em sua fala com o Fidalgo:

> Pera vossa fantesia
> mui estreita é esta barca.

Em rigor, o Anjo acha que, por sua pequenez, o Fidalgo não cabe em sua barca. Todavia, diz que o céu é menor que ele, deixando claro que é bem maior. O que era maior que o céu era apenas o conceito que o Fidalgo fazia de si mesmo. Ao lado de expressões sutis como essa, o auto apresenta sequências grosseiras, com palavrões e termos agressivos, como, por exemplo, os xingamentos do Bobo e do Judeu.

Não se pode esquecer, enfim, que a própria natureza do auto conduz o texto mais para o universo da poesia do que para o da encenação. Assim, as peças de Gil Vicente não perdem muito se forem apenas lidas, em vez de encenadas. Certamente, admitem belas montagens. Mas seus recursos cênicos não são tão significativos quanto os do teatro que explora os imprevistos das estórias de paixão. Por outro lado, a leitura (solitária ou em grupo) amplia seu poder de sugestão, porque o auto se aproxima mais da poesia dramática do que propriamente da peça de teatro.

A experiência vicentina encontra diversas ressonâncias na literatura contemporânea. No Brasil, o exemplo mais célebre talvez seja *Morte e Vida Severina* (1956), de João Cabral de Melo Neto. Igualmente ao pai do teatro português, João Cabral adota a justaposição de cenas e o verso redondilho. Aproxima-se ainda pelo tom explicativo da sátira contra as desigualdades sociais, assim como pela ênfase na tonalidade poética do enunciado. As personagens possuem a mesma constituição alegórica, representando cada uma um determinado tipo social do Nordeste. Por fim, o subtítulo remete imediatamente ao teatro primitivo de Gil Vicente: "Auto de Natal Pernambucano". De fato, o texto cabralino obedece à estrutura do auto, isto é, classifica-se mais como poesia dramática do que propriamente como peça de teatro.

Talvez mais popular do que *Morte e Vida Severina*, mas igualmente vicentino, é o *Auto da Compadecida* (1959), de Ariano Suassuna. Se o texto de Cabral mantém a sisudez de quem se revolta com a banalização da morte entre as populações pobres, o de Suassuna dissolve-se no humor fácil das manifestações folclóricas. Seus tipos populares, seu verso espontâneo e sua generosidade expansiva derivam da tradição vicentina, cujo texto improvisado deixou fundas influências na cultura popular do Nordeste. Assim nasceu a literatura de cordel entre nós. Essa origem tem explicação: a estrutura do teatro vicentino chegou ao Brasil na segunda metade do século XVI, com os jesuítas, que adaptaram a experiência cortesã de Gil Vicente ao desafio da catequese indígena. Mediante a maleabilidade didática do auto alegórico, puderam iniciar a cristianização dos ameríndios. Dentre todos os jesuítas que adotaram a literatura como forma de ensinamento, destaca-se José de Anchieta, que deixou diversas obras nesse gênero.

ALEGORIA

Sem noção clara do que seja alegoria é impossível apreciar o *Auto da Barca do Inferno*. Variante do discurso irônico, a alegoria define-se como enunciado de duplo sentido. Afirma uma coisa nas palavras e sugere outra no significado. Trata-se de uma espécie de metáfora amplificada, em que quadros e cenas suportam uma significação figurada, que transcende a aparência. O segundo sentido é sempre mais importante que o primeiro. Geralmente, o texto alegórico encarna conceitos religiosos ou ideológicos: por um lado, o Diabo é barqueiro; por outro, é a encarnação do mal. O Corregedor representa a corrupção, sendo também juiz. O Frade significa a lascívia e o culto do prazer, sem deixar de ser padre dominicano. Não se pode esquecer que o *Auto da Barca do Inferno* foi concebido como a primeira cena de uma trilogia, em que os dois outros espaços da vida após a morte foram figurados pela ideia do purgatório (*Auto da Barca do Purgatório*) e do paraíso (*Auto da Barca da Glória*). Enfim, alegoria diz *a* para significar *b*, sendo que o segundo elemento é uma versão ideológica do primeiro. Na ironia, há apenas o disfarce do enunciador em face de um aspecto superficial do assunto. Na alegoria, a inversão constitui-se na essência da significação. Mediante um sentido, ela diverte; mediante outro, educa, moraliza.

TEXTO DA PRESENTE EDIÇÃO

Há duas versões do *Auto da Barca do Inferno*. A primeira, sem data, foi editada em folheto avulso (cordel) pelo próprio autor, entre 1517 e 1519. A segunda foi editada por seu filho, Luís Vicente, na *Compilaçam de Todalas Obras de Gil Vicente*, em 1562. Existem algumas diferenças entre ambas. A primeira versão possui 16 versos a mais que a segunda. Outra diferença importante consiste na rubrica inicial. Na primeira, afirma-se que o auto foi composto para a rainha D. Leonor e encenado para o rei D. João III. Na segunda, declara-se que foi encenado na câmara da rainha D. Maria, em 1517. Por volta de 1600, houve uma reedição, em separado, da primeira versão do auto, considerada também importante.

Em Portugal, a versão editada por Gil Vicente possui mais prestígio, por ser considerada autêntica. No Brasil, apenas o texto da *Compilaçam* tornou-se popular.

A presente edição baseia-se na versão impressa pelo autor. Partiu das seguintes publicações:

Auto de Moralidade da Embarcação do Inferno. Textos das duas primeiras edições e das *Compilações* estudados por Paulo Quintela. Coimbra, Atlântica, 1946.

Gil Vicente – Auto da Barca do Inferno. Vol. II da coleção Obras-Primas de Gil Vicente. Prefácio e notas de Paulo Quintela. Ilustrações e estampa colorida de Manuel Lapa. S. l., Artis, 1954.

Teatro de Gil Vicente. 6ª ed. Apresentação e Leitura de Antônio José Saraiva. Lisboa, Portugália, s.d.

A presente edição reproduz algumas ilustrações de Manuel Lapa, notável artista português pouco conhecido no Brasil. Para além de qualquer função prática, o impulso de reproduzi-las explica-se pela admiração que o organizador deste volume sente por elas: exemplo moderno e vigoroso de estilização do espírito de uma época. Enfim, a edição de que fazem parte reveste-se de grande beleza editorial. Sua tiragem foi de trezentos exemplares, em formato grande e papel especial. A estampa colorida vem assinada por Manuel Lapa. O painel anônimo do Museu das Janelas Verdes, comentado no início do texto, foi extraído do *Auto de Moralidade da Embarcação do Inferno,* organizado por Paulo Quintela.

Auto da Barca do Inferno
(1517)

Auto de moralidade composto per Gil Vicente. Por contemplaçam da sereníssima e muyto catholica raynha dona Lianor nossa senhora: e representada per seu mãdado ao poderoso príncipe e muy alto rey dõ Manuel primeyro de Portugal deste nome. Começa a declaração e argumêto da obra.

¶ Primeyramente no presente auto se segui a que no pôto q acabamos despirar chegamos supitamête a huũ rio: ho qual per força auemos de passar: em huũ de dous barcos q naquelle porto está. S. huũ delles passa pera ho parayso: e ho outro pahõ ser no: os q es barcos tem cada huũ seu arraez na proa: ho do parayso huũ anjo: e ho do inferno huũ arraez infernal e huũ companheyro. Ho primeyro entrelocutor he huũ fidalgo que chegua cõ huũ page q lhe leua huũ rabo muy comprido e huũa cadeyra despaldas. E começa ho arraez do inferno desta maneyra ante que ho fidalguo venha.

Abertura do Auto da Barca do Inferno, *edição de cordel (1518?), exemplar existente na Biblioteca de Madri.*

COPILACAM DE

TODALAS OBRAS DE GIL VICENTE, A Q VAL SE
REPARTE EM CINCO LIVROS. O PRIMEYRO HE DE TODAS
suas cousas de deuaçam O segundo as comedias O terceyro as
tragicomedias. No quarto as farsas. No quinto as
obras meudas.

¶ Empremiose em a muy nobre & sempre leal cidade de Lizboa
em casa de Ioam Aluarez impressor del Rey nosso senhor.
Anno de M. D. LXII.
¶ Foy visto polos deputados da sancta Inquisiçam.

COM PRIVILEGIO REAL.
(∴)
¶ Vendem se a cruzado em papel em casa de Francisco fernandez na rua noua.

*Frontispício da primeira edição da obra completa (Compilaçam)
de Gil Vicente, de 1562.*

[Rubrica]

Auto de moralidade composto per Gil Vicente por contemplação da seraníssima e muito católica rainha dona Lianor, nossa senhora, e representado per seu mandado ao poderoso príncipe e mui auto rei dom Manuel, primeiro de Portugal deste nome.

Começa a declaração e argumento da obra. Primeiramente no presente auto se figura que no ponto que acabamos de expirar chegamos subitamente a um rio, o qual per força havemos de passar em um de dous batéis que naquele porto estão, scilicet[1], um deles passa pera o paraíso e o outro pera o inferno: os quais batéis têm cada um seus arrais[2] na proa: o do paraíso um Anjo, e o do inferno um Arrais Infernal e um Companheiro.

1. Isto é.
2. Capitão de embarcação.

Personagens

[*Fixas no Palco*]

Diabo, Arrais do Inferno
Companheiro
Anjo, Arrais do Céu

[*Itinerantes*]

Fidalgo
Onzeneiro
Joane (Parvo[3])
Sapateiro
Frade
Florença
Brísida Vaz
Judeu
Corregedor
Procurador
Enforcado
Quatro Cavaleiros

3. Bobo

O primeiro entrelocutor é um Fidalgo que chega com um Pajem que lhe leva um rabo mui comprido e uma cadeira de espaldas. E começa o Arrais do Inferno desta maneira antes que o Fidalgo venha:

Diabo

À barca, à barca, houlá![4]
que temos gentil maré!
– Ora venha o caro a ré![5]

Companheiro

Feito, feito!

Diabo

5   Bem está,
Vai tu, muitieramá![6]
Atesa aquele palanco[7],
e despeja[8] aquele banco
pera a gente que virá.
– À barca, à barca, uuh!

---

4. Forma de saudação. Nos versos iniciais, o Diabo convoca eventuais passageiros e dá ordens a seu Ajudante. O trecho seguinte é repleto de termos náuticos.

5. O mesmo que carro: parte inferior das vergas nas velas triangulares, também chamadas latinas. O Diabo quer posicionar a vela conforme o vento.

6. Em muito má hora. Variantes: *aramá, eramá, ieramá*.

7. Corda para suspender a vela.

8. Está empregado no sentido de *limpar*, isto é, arrumar espaço para os mortos que estão para chegar.

10   Asinha⁹, que se quer ir.
      Oh, que tempo de partir,
      louvores a Berzebu!
      – Ora, sus!, que fazes tu?
      Despeja todo esse leito¹⁰.

Companheiro

15   Em boa hora! Feito, feito!

Diabo

      Abaixa má hora esse cu!
      Faze aquela poja lesta
      e alija aquela driça!¹¹

Companheiro

      Oh caça! Oh iça! Iça!¹²

Diabo

20   Oh, que caravela esta!
      Põe bandeiras, que é festa!
      Verga alta! Âncora a pique!¹³
      – Ó poderoso dom Anrique¹⁴,
      cá vindes vós? Que cousa é esta?...

Vem o Fidalgo e, chegando ao batel infernal, diz:

---

9. Depressa.
10. Espaço entre o mastro central e a popa.
11. O Diabo manda o Ajudante esticar a *poja* (corda com que se vira a vela) e afrouxar a *driça* (corda com que se levanta a vela).
12. Pega! Levanta! Levanta!
13. Puxar a âncora até ficar vertical (A. J. Saraiva).
14. Forma arcaica de Dom Henrique. O Diabo dirige-se ao primeiro passageiro, que é o Fidalgo, chamando-o Henrique.

Fidalgo

25 Esta barca onde vai ora,
que assi está apercebida?[15]

Diabo

Vai pera a ilha perdida[16]
e há de partir logo essa hora.

Fidalgo

Pera lá vai a senhora?[17]

Diabo

30 Senhor, a vosso serviço.

Fidalgo

Parece-me isso cortiço.

Diabo

Porque a vedes lá de fora.

Fidalgo

Porém, a que terra passais?

Diabo

Pera o inferno, senhor.

Fidalgo

35 Terra é bem sem sabor.

Diabo

Quê? E também cá zombais?

15. Preparada.
16. Inferno.
17. O Fidalgo procura zombar do Diabo, chamando-o *senhora*.

Fidalgo

E passageiros achais
pera tal habitação?

Diabo

Vejo-vos eu em feição
40   pera ir ao nosso cais...

Fidalgo

Parece-te a ti assi...

Diabo

Em que esperas ter guarida?[18]

Fidalgo

Que leixo[19] na outra vida
quem reze sempre por mi.

Diabo

45   Quem reze sempre por ti?!...
Hi hi hi hi hi hi hi hi...
E tu viveste a teu prazer
cuidando cá guarecer
por que rezam lá por ti?!
50   Embarcai, hou! Embarcai!,
que haveis de ir à derradeira...[20]
Mandai meter a cadeira,
que assi passou vosso pai[21].

---

18. Amparo, salvação.
19. Deixo.
20. De qualquer forma, por fim.
21. O Fidalgo é acompanhado de um pajem que transporta sua cadeira.
O Diabo afirma que o pai do Fidalgo também fora para o Inferno.

Fidalgo

Quê? quê? quê? Assi lhe vai?!

Diabo

55 Vai ou vem, embarcai prestes![22]
Segundo lá escolhestes,
assi cá vos contentai.
Pois que já a morte passastes,
haveis de passar o rio.

Fidalgo

60 Não há aqui outro navio?

Diabo

Não, senhor, que este fretastes,
e primeiro[23] que expirastes,
me destes logo sinal.

Fidalgo

Que sinal foi esse tal?

Diabo

65 Do que vós vos contentaste.

Fidalgo

A estoutra barca me vou.
– Hou da barca, para onde is?
Ah, barqueiros!, não me ouvis?
Respondei-me! Houlá! Hou!...
70 – Par Deus! Aviado estou!...[24]

---

22. Rapidamente, sem demora.
23. Assim.
24. Estou em má situação, estou perdido.

Quant'a isto é já pior.
Que giricocins, salvanor!
Cuidam que sou eu grou?[25]

Anjo
Que quereis?

Fidalgo
                    Que me digais,
75 pois parti tão sem aviso,
se a barca do paraíso
é esta em que navegais.

Anjo
Esta é; que demandais?

Fidalgo
Que me leixeis embarcar;
80 sou fidalgo de solar[26],
é bem que me recolhais.

Anjo
Não se embarca tirania
neste batel divinal.

Fidalgo
Não sei porque haveis por mal
85 que entre a minha senhoria.

---

25. Espantado com o silêncio da tripulação da barca do Céu, o Fidalgo exclama: "Que burros (*giricocins*), com o devido respeito (*salvanor*)! Pensam que sou ave (*grou*), que fala de forma incompreensível". *Salvanor* pode também ser um palavrão.

26. Possuo casa rica. Pertenço a família importante.

48 ⌁ GIL VICENTE

Anjo

Pera vossa fantesia
mui estreita é esta barca.

Fidalgo

Pera senhor de tal marca
nom há aqui mais cortesia?
90 Venha prancha e atavio![27]
Levai-me desta ribeira!

Anjo

Não vindes vós de maneira
pera ir neste navio.
Essoutro vai mais vazio:
95 a cadeira entrará,
e o rabo[28] caberá,
e todo vosso senhorio.
Vós ireis mais espaçoso,
com fumosa[29] senhoria,
100 cuidando na tirania[30]
do pobre povo queixoso;
e porque, de generoso,
desprezastes os pequenos,
achar-vos-eis tanto menos
105 quanto mais fostes fumoso[31].

27. Equipamentos para subir ao batel.
28. Cauda da roupa de Fidalgo.
29. Pretensiosa. Ambiguidade: o adjetivo pode também se referir ao Diabo.
30. O Anjo sugere ao Fidalgo que embarcasse com o Diabo, pensando na tirania que, em vida, exercera sobre o povo lastimoso.
31. Sentido dos versos 102-105: o seu sofrimento no inferno será proporcional à altivez que ostentou em vida.

Diabo

À barca, à barca, senhores!
Oh! Que maré tão de prata!
Um ventezinho que mata
e valentes remadores!

Diz cantando:

110 "Vós me venirés a la mano,
a la mano me veniredes."

Fidalgo

Ao Inferno todavia!
Inferno há í[32] pera mi?!
Ó triste! Enquanto vivi
115 não cuidei que o í havia.
Tive que era fantesia:
folgava ser adorado;
confiei em meu estado
e nom vi que me perdia.
120 – Venha essa prancha! Veremos
esta barca de tristura.

Diabo

Embarque a vossa doçura,
que cá nos entenderemos...
Tomareis um par de remos,
125 veremos como remais;
e, chegando ao nosso cais,
todos bem vos serviremos.

Fidalgo

Esperai-me vós aqui:

32. Aí.

tornarei à outra vida
130   ver minha dama querida
que se quer matar por mi.

Diabo
Que se quer matar por ti?!!

Fidalgo
Isto bem certo o sei eu.

Diabo
Ó namorado sandeu[33],
135   o maior que nunca vi!

Fidalgo
Como poderá isso ser,
que me escrevia mil dias?!

Diabo
Quantas mentiras que lias,
e tu... morto de prazer![34]

Fidalgo
140   Pera que é escarnecer,
que nom havia mais no bem?[35]

Diabo
Assi vivas tu, amén,
como te tinha querer![36]

---

33. Louco.
34. Feliz em ser enganado.
35. O Fidalgo afirma que o amor de sua mulher por ele era inigualável.
36. O Diabo insinua que o Fidalgo deve permanecer na ilusão de que
era amado.

Fidalgo

Isto quanto ao que eu conheço...

Diabo

145 Pois, estando tu expirando,
se estava ela requebrando
com outro de menos preço.

Fidalgo

Dá-me licença, te peço,
que vá ver minha mulher.

Diabo

150 E ela, por não te ver,
despenhar-se-á dum cabeço[37].
Quanto ela hoje rezou
antre seus gritos e gritas,
foi dar graças infinitas
155 a quem a desassombrou[38].

Fidalgo

Quanto ela, bem chorou!

Diabo

Nom há í choro de alegria?!

Fidalgo

E as lástimas que dezia?

Diabo

Sua mãe lhas ensinou.

---

37. O Diabo afirma que, para livrar-se do Fidalgo, sua esposa jogar-se-ia do alto de um penhasco.

38. Abandonou. Segundo o Diabo, a mulher do Fidalgo ficou feliz com sua morte.

160　Entrai! Entrai! Entrai!
– Ei-la! Prancha! – Ponde o pé!

Fidalgo
Entremos, pois que assi é...

Diabo
Ora, senhor, descansai,
passeai e suspirai;
165　entanto virá mais gente.

Fidalgo
Ó barca, como és ardente!
Maldito quem em ti vai!

Diz o Diabo ao Moço da Cadeira:

Diabo
Nom entras cá! Vai-te daí!
A cadeira é cá sobeja[39].
170　Cousa que esteve na igreja
nom se há de embarcar aqui.
Cá lha darão de marfi,
marchetada de dolores[40],
com tais modos de lavores,
175　que estará fora de si...[41]
– À barca, à barca, boa gente[42],
que queremos dar a vela!
Chegar a ela! Chegar a ela!

---

39. Desnecessária.

40. Aqui lhe darão [uma cadeira] de marfim, marchetada (enfeitada) de sofrimentos (*dolores*).

41. O Fidalgo perderá os sentidos diante de sua nova cadeira no inferno.

42. O Diabo chama os condenados de *boa gente*. É irônico o tempo todo.

Muitos e de boa mente!
180   Oh, que barca tão valente!

Vem um Onzeneiro[43] *e pergunta ao Arrais do
Inferno, dizendo:*

Onzeneiro
Pera onde caminhais?

Diabo
Oh! Que má hora venhais,
onzeneiro meu parente!
Como tardastes[44] vós tanto?

Onzeneiro
185   Mais quisera eu lá tardar.
Na safra do apanhar
me deu Saturno[45] quebranto.

Diabo
Ora mui muito m'espanto
nom vos livrar o dinheiro.

Onzeneiro
190   Solamente pera o barqueiro
nom me leixaram nem tanto[46].

---

43. Agiota, usurário.

44. O Onzeneiro é muito velho. Pois tardou a chegar. Por não ter consciência, o Diabo o considera seu parente.

45. Satumo simboliza o tempo. O velho foi colhido por ele em plena ação de amealhar dinheiro.

46. Não restou ao Onzeneiro nem com que pagar a passagem ao barqueiro. A imagem de as almas pagarem ao barqueiro da morte é clássica, muito comum na literatura antiga.

Diabo
Ora entrai, entrai aqui!

Onzeneiro
Não hei eu í de embarcar!

Diabo
Oh, que gentil recear,
195   e que cousas pera mi!...

Onzeneiro
Ainda agora faleci,
leixa-me buscar batel[47].
Pesar de São Pimentel![48]
Nunca tanta pressa vi!
200   Pera onde é a viagem?

Diabo
Pera onde tu hás de ir.

Onzeneiro
Havemos logo de partir?

Diabo
Não cures de mais linguagem[49].

Onzeneiro
Pera onde é a passagem?

---

47. O Onzeneiro deseja escolher o barco em que partir.
48. A. J. Saraiva supõe que Pimentel fosse personagem conhecida do público de Gil Vicente.
49. Chega de conversa.

Diabo

205 Pera a infernal comarca.

Onzeneiro

Dix![50], nom vou eu em tal barca!
Estoutra tem avantagem.

Vai-se o Onzeneiro à barca do Anjo, e diz:

Onzeneiro

Hou da barca! Houlá! Hou!
Haveis logo de partir?

Anjo

210 E onde queres tu ir?

Onzeneiro

Eu pera o paraíso vou.

Anjo

Pois quant'eu[51] mui fora estou
de te levar para lá.
Essa barca que lá está
215 vai pera quem te enganou.

Onzeneiro

Por quê?

Anjo

Porque esse bolsão[52]
tomara todo o navio.

---

50. Interjeição de espanto.
51. Quanto a mim.
52. Alusão ao tamanho da usura do Onzeneiro, cuja bolsa ocuparia todo o navio.

Onzeneiro
Juro a Deus que vai vazio!

Anjo
Não já no teu corações[53].

Onzeneiro
220   Lá me fica de roldão[54]
minha fazenda e alheia.

Anjo
Ó onzena[55], como és feia
e filha da maldição!

Torna o Onzeneiro à barca do inferno e diz:

Onzeneiro
Houlá! Hou, demo barqueiro!
225   Sabeis vós no que me fundo?[56]
Quero lá tornar ao mundo
e trarei o meu dinheiro.
Aqueloutro marinheiro,
porque me vê vir sem nada,
230   dá-me tanta borregada[57],
como arrais lá do Barreiro.

---

53. O Anjo admite que a bolsa do Onzeneiro está vazia; mas seu coração ainda se acha cheio de ambição.

54. De uma só vez. O Onzeneiro afirma que deixou na terra o dinheiro dele e o das pessoas que roubara.

55. Usura, ambição excessiva, avareza.

56. Em que me baseio.

57. Insulto.

Diabo

Entra, entra, remarás!
Não percamos mais maré!

Onzeneiro

Todavia...

Diabo

Per forc' é,
235   que te pês[58], cá entrarás!
Irás servir Satanás,
porque sempre te ajudou.

Onzeneiro

Ó triste, quem me cegou?!

Diabo

Cal'-te, que cá chorarás.

*Entrando o Onzeneiro no batel que achou o Fidalgo
embarcado, diz, tirando o barrete[59]:*

Onzeneiro

240   Santa Joana de Valdês![60]
Cá é vossa senhoria?!

Fidalgo

Dá ao demo a cortesia!

Diabo

Ouvis? falai vós cortês!

---

58. É forçoso [que embarques], ainda que te custe.
59. Espécie de gorro.
60. Alusão a personagem conhecida do público de Gil Vicente.

Vós, Fidalgo, cuidareis
245   que estais em vossa pousada?[61]
Dar-vos-ei tanta pancada
com um remo, que arrenegueis!

Vem Joane o Parvo e diz ao Arrais do Inferno:

Joane
Hou daquesta!

Diabo
Quem é?

Joane
Eu sou.
É esta a naviarra nossa?

Diabo
250   De quem?

Joane
Dos tolos.

Diabo
Vossa.
Entra.

Joane
De pulo ou de voo?
Hou! Pesar de meu avô!
Soma: vim adoecer

---

61. O Diabo vê, no interior da barca, o Fidalgo conversando com o Onzeneiro e o repreende, perguntando-lhe se pensava que estivesse em sua casa.

e fui má hora a morrer;
255 e nela pera mi só?

Diabo
De que morreste?

Joane
              De quê?!
Samicas[62] de caganeira.

Diabo
De quê?

Joane
          De caga-merdeira,
má ravugem que te dê!

Diabo
260 Entra, põe aqui o pé.

Joane
Houlá! Não tombe o zambuco![63]

Diabo
Entra, tolaço eunuco,
que se nos vai a maré!

Joane
Aguardai, aguardai, houlá!
265 E onde havemos nós de ir ter?

62. Talvez.
63. Espero que o barco não vire.

60 ⤙ GIL VICENTE

Diabo

Ao porto de Lucifer.

Joane

Hã?!

Diabo

Ao Inferno. Entra cá.

Joane

Ao inferno, eramá?![64]
Hiu! Hiu! Barca do cornudo!
270 Pero Vinagre, beiçudo, beiçudo,
rachador d'Alverca, huhá!
Sapateiro da Candosa!
Antrecosto[65] de carrapato!
Hiu! Caga no sapato,
275 filho da grande aleivosa![66]
Tua mulher é tinhosa
e há de parir um sapo
chentado[67] no guardenapo,
neto de cagarrinhosa!
280 Furta-cebola! Hiu! Hiu!
Excomungado nas erguejas!
Burrela[68], cornudo sejas!

---

64. Má hora, como na fala inicial do Diabo. Toda essa fala do Parvo é um longo e engraçado xingamento contra o Diabo. Outras personagens neste auto também se derramam em ofensas contra o Diabo.

65. Suporte.

66. Filho de mulher adúltera. Aleivosia: traição, falsidade.

67. Sentado, posto, colocado.

68. Palavra que, segundo A. J. Saraiva, se associa à cerimônia em que mulheres eram agrupadas sobre um burro.

Toma o pão que te caiu,
a mulher que te fugiu
285 pera a Ilha da Madeira!
Cornudo atá mangueira,
o demo que te pariu!
Hiu! Hiu! Lanço-te uma pulha
de pica naquela!
290 Hump! Hump! Caga na vela!
Hiu! Cabeça de grulha![69]
Perna de cigarra velha,
caganita de coelha,
pelourinho de Pampulha,
295 mija n'agulha! Mija n'agulha!

Chega o Parvo ao batel do Anjo e diz:

Joane
Hou do barco!

Anjo
Que me queres?

Joane
Quereis-me passar além?

Anjo
Quem és tu?

Joane
Samica alguém[70].

69. Tagarela.
70. Talvez alguém. O Parvo é modesto e inocente.

Anjo

Tu passarás, se quiseres;
300 porque em todos teus fazeres,
per malícia nom erraste,
tua simpreza te abaste
para gozar dos prazeres.
Espera entanto per í,
305 veremos se vem alguém
merecedor de tal bem
que deva de entrar aqui[71].

*Vem um Sapateiro com seu avental e carregado de
formas e chega ao batel infernal e diz:*

Sapateiro

Hou da barca!

Diabo

Quem vem í?
– Santo sapateiro honrado![72]
310 Como vens tão carregado!

Sapateiro

Mandaram-me vir assi...
E pera onde é a viagem?

Diabo

Pera o lago dos danados.

---

71. O Anjo pede que o Parvo espere para observar os futuros passageiros. Tomará parte em alguns diálogos adiante.

72. Ao chamar o Sapateiro de honrado, o demônio mostra ironia.

Sapateiro

Os que morrem confessados
315 onde têm sua passagem?

Diabo

Não cures de mais linguagem[73]:
esta é tua barca, esta!

Sapateiro

Arrenegaria eu da festa
e da puta da barcagem!
320 Como poderá isso ser,
confessado e comungado?![74]

Diabo

E tu morreste excomungado,
nom o quiseste dizer.
Esperavas de viver;
325 calaste dous mil enganos;
tu roubaste bem trinta anos
o povo com teu mester[75].
Embarca, eramá pera ti,
que há já muito que te espero.

Sapateiro

330 Pois digo-te que nom quero!

Diabo

Que te pês[76], hás-de ir, si, si!

73. Chega de conversa.
74. O Sapateiro recusa embarcar porque morreu depois de se confessar
e comungar.
75. Ofício.
76. Ainda que te custe.

Sapateiro

Quantas missas eu ouvi
nom me hão elas de prestar?

Diabo

Ouvir missa, então roubar,
335   é caminho pera aqui.

Sapateiro

E as ofertas que darão?
E as horas dos finados?[77]

Diabo

E os dinheiros mal levados –
que foi da satisfação?

Sapateiro

340   Ah! Nom praza ao cordovão
nem à puta da badana[78],
se é esta boa traquitana[79]
em que se vê Joanantão!
Ora juro a Deus que é graça!

Vai-se à barca do Anjo e diz:

Sapateiro

345   Hou da santa caravela,
podereis levar-me nela?

---

77. Igualmente ao Fidalgo, o Sapateiro toma como argumento em seu favor o fato de deixar na terra quem rezasse e desse esmolas por ele.

78. *Cordovão* e *badana* são espécies de couro. O Sapateiro maldiz o instrumento com que ganhou a vida.

79. Meio de transporte, barca.

Anjo

A cárrega te embaraça[80].

Sapateiro

Nom há mercê que me Deus faça?
Isto uxiquer irá[81].

Anjo

350 Essa barca que lá está
leva quem rouba de praça[82]
as almas embaraçadas.

Sapateiro

Ora eu me maravilho
haverdes por grão peguilho[83]
355 quatro forminhas cagadas
que podem bem ir í chantadas[84]
num cantinho desse leito![85]

Anjo

Se tu viveras dereito
elas foram cá escusadas[86].

---

80. A carga prejudica-te, impede-te de embarcar.

81. Isto (a carga) irá de qualquer maneira.

82. Rouba publicamente.

83. Estorvo, inconveniente. O Sapateiro afirma que as formas que traz consigo não prejudicam o embarque para o Céu. Ele insiste em preservar na outra vida o instrumento com que, na terra, enganava os clientes.

84. Metidas, ajeitadas, colocadas.

85. Espaço entre o mastro principal e a popa.

86. O Anjo afirma que, se o Sapateiro tivesse vivido direito (honestamente), as formas seriam desnecessárias na outra vida.

Sapateiro

360   Assi que determinais
que vá cozer ao inferno?

Anjo

Escrito estás no caderno
das ementas[87] infernais.

Torna-se à barca dos danados e diz:

Sapateiro

Hou barqueiros, que aguardais?
365   Vamos, venha a prancha logo
e levai-me àquele fogo!
Não nos detenhamos mais.

*Vem um Frade[88] com uma Moça[89] pela mão e um
broquel[90] e uma espada na outra, e um casco[91] debaixo
do capelo[92]; e ele mesmo fazendo a baixa[93]
começou de dançar, dizendo:*

Frade

Tai-rai-rai-ra-rã; taririrã;
tarai-rai-rai-rã; tairirirã;
370   tã-tã; tari-rim-rim-rã! Huhá!

---

87. Apontamentos.

88. Trata-se, pelo contexto, de um frade dominicano. Essa ordem detinha, na Idade Média, o domínio da Santa Inquisição. Era a mais austera na vigilância dos costumes.

89. Florença.

90. Escudo.

91. Capacete.

92. Capuz do Frade.

93. Dança cantada popular no século XVI.

Diabo

Que é isso, padre? Que vai lá?[94]

Frade

Deo gratias![95] Sou cortesão.

Diabo

Sabeis também o tordião?[96]

Frade

Por que não? Como ora sei!

Diabo

375 Pois entrai! Eu tangerei[97]
e faremos um serão[98].
Essa dama é ela vossa?

Frade

Por minha la tenho eu
e sempre a tive de meu[99].

Diabo

380 Fezestes bem, que é fermosa.
E não vos punham lá grosa[100]
no vosso convento santo?

---

94. "O que se passa?" O Diabo espanta-se com a alegria (canto e dança) do Frade, estando ele condenado ao inferno.

95. Graças a Deus.

96. Outra dança popular. O Diabo começa, ironicamente, a testar as habilidades do Frade, que só sabia dançar, esgrimir e namorar (vem acompanhado da namorada: Florença). Vê-se que de dominicano o Frade só tinha o hábito.

97. Tocarei.

98. Festa.

99. Tive-a como coisa minha.

100. Lá, no convento, não grosavam (censuravam, proibiam) o fato de você ter uma namorada?

Frade

E eles fazem outro tanto!...

Diabo

Que cousa tão preciosa!
385   Entrai, padre reverendo!

Frade

Para onde levais gente?

Diabo

Pera aquele fogo ardente,
que nom temeste vivendo.

Frade

Juro a Deus que nom te entendo!
390   E este hábito nom me val?[101]

Diabo

Gentil padre mundanal[102],
a Berzabu vos encomendo!

Frade

Ah corpo de Deus consagrado!
Pela fé de Jesu Cristo
395   que eu nom posso entender isto!
Eu hei de ser condenado?!
Um padre tão namorado
e tanto dado a virtude!
Assi Deus me dê saúde
400   que eu estou maravilhado!

---

101. Vale. O Frade alude ao fato de ele ser da ordem dominicana, muito temida na época. Ou, simplesmente, à sua condição de religioso.
102. Mundano.

Diabo

Nom cureis de mais detença![103]
Embarcai e partiremos.
Tomareis um par de remos.

Frade

Nom ficou isso na avença[104].

Diabo

405 Pois dada está já a sentença!

Frade

Pardeus! Essa seri'ela![105]
Não vai em tal caravela
minha senhora Florença.
Como?! Por ser namorado
410 e folgar com uma mulher
se há um frade de perder
com tanto salmo rezado?!

Diabo

Ora estás bem aviado![106]

Frade

Mas estás bem corregido[107].

---

103. Não pense em mais atraso.
104. Isso está fora do acordo (*avença*).
105. Por Deus! Seria essa a sentença.
106. Estás bem arranjado!
107. *Aviado* e *corregido*: S. Spina registra o trocadilho. O Diabo afirma que o frade está bem *arranjado*, pela condenação. O Frade afirma que o Diabo está bem *servido*, isto é, está satisfeito, também pela condenação.

70 ❧ GIL VICENTE

Diabo

415 Devoto padre-marido,
haveis de ser cá pingado...[108]

Descobriu o Frade a cabeça tirando o capelo
e apareceu o casco e diz:

Frade

Mantenha Deus esta coroa![109]

Diabo

Ó padre frei-capacete!
cuidei que tinheis barrete![110]

Frade

420 Sabeis que fui da pessoa!
Esta espada é roloa
e este broquel rolão[111].

Diabo

Dê vossa reverência lição
de esgrima, que é cousa boa.

---

108. Ser pingado com gotas de gordura fervendo. Típico processo de tortura infernal do imaginário popular.

109. Trata-se do capacete, que o frade considera importante, pois, em vida, não se dedicara a coisas próprias da religião.

110. Logo atrás, o demônio o chamara de *padre-marido*. Agora, *frei-capacete*. Pura ironia. Em seguida, o Diabo afirma que pensava que o Frade tivesse um gorro (*barrete*), o que seria mais adequado a um religioso. É também ironia, porque barrete indicaria a posição do Frade na hierarquia da ordem.

111. *Roloa* e *rolão*: referência indireta a Roldão ou Rolando, personagem famosa das novelas de cavalaria da França. O Frade demonstra orgulho em possuir espada e escudo como os de Roldão. Isto é, trata-se de um padre dado a esportes marciais, conforme se verá pela fala seguinte, que contém uma porção de termos técnicos da arte da esgrima.

Começou o Frade a dar lição de esgrima com a espada e bro-
quel que eram de esgrimir e diz desta maneira:

Frade

425 *Deo gratias!* Demos caçada![112]
Pera sempre contra, sus![113]
Um fendente! Ora sus!
Esta é a primeira levada.
Alto! Levantai a espada!
430 – Metei o diabo na cruz
como o eu agora pus...
– Saí co'a espada rasgada
e que fique anteparada.
Talho largo, e um revés,
435 e logo colher os pés,
que todo o al[114] nom é nada.
Quando o recolher se tarda
o ferir nom é prudente.
Ora sus! Mui largamente,
440 cortai na segunda guarda!
– Guarde-me Deus d'espingarda,
mais de homem denodado![115]
Aqui estou tão bem guardado
como a palha n'albarda[116].

112. Demos início.
113. Interjeição de alerta. Os termos de esgrima desta fala são – *fenden-te*: golpe de cima para baixo; *talho*: golpe da direita para a esquerda; *revés*: o contrário do anterior. À medida que fala, o Frade reproduz os gestos de uma luta, como se estivesse agredindo o próprio Diabo.
114. O resto
115. O Frade pede que Deus o livre do uso de espingarda, pois é homem corajoso. Por isso prefere a espada.
116. Sela grosseira estofada com palha. Insista-se na ideia de que cada personagem traz consigo coisas que simbolizam seus costumes em vida. O Frade traz armas e a namorada, assim como o Sapateiro trouxe as formas (com que enganava). O Fidalgo trouxe a cadeira e o pajem. O Judeu trará um bode.

445 Saio com meia espada...
Houlá! Guardai as queixadas!

Diabo
Oh, que valentes levadas!

Frade
Ainda isto não é nada...
Demos outra vez caçada:
450 Contra, sus! E um fendente,
e, cortando largamente,
eis aqui sexta feitada.
Daqui saio com uma guia
e um revés da primeira.
455 Esta é quinta verdadeira.
– Oh, quantos daqui feria![117]
Padre que tal aprendia
no inferno há de haver pingos?!
Ah! Nom praza a São Domingos
460 com tanta descortesia!

Tornou a tomar a Moça pela mão dizendo:

Frade
Prossigamos nossa história,
não façamos mais detença!
Dai cá mão, senhora Florença:
Vamos à barca da Glória!

---

117. O padre se espanta com a própria habilidade na esgrima, afirmando que, se a luta fosse de verdade, feriria muitos. Em seguida, pergunta se é justo um padre tão *hábil* em esgrima ser condenado. Termina por ameaçar o Diabo, dizendo que, se fosse condenado, São Domingos (protetor de sua ordem) ficaria zangado.

Começou o Frade a fazer o tordião e foram dançando até o batel do Anjo desta maneira:

Frade

465 Tarararairão, taririririrão,
  tairairão, tariririrão, tariririrão,
  huhá!
  Deo gratias! Há lugar cá
  pera minha reverência?
  E a senhora Florença
470 polo meu[118] entrará lá?

Joane

Andar, muitieramá!
Furtaste o trinchão, Frade?[119]

Frade

Senhora, dá-me a vontade[120]
que este feito mal está...
475 Vamos onde havemos de ir,
não praza a Deus com a ribeira!
Eu não vejo aqui maneira
senão enfim... concrudir[121].

Diabo

Haveis, padre, de vir?

---

118. Por minha influência, por ela ser minha namorada.

119. Joane (o Bobo), que ficara ao lado da barca do Anjo, vê a Moça com o Frade e pergunta se ele roubara aquela gostosura. *Trinchão é bom bocado*, segundo Marques Braga.

120. O Frade dirige-se a Florença e diz-lhe que acha que não teria mesmo jeito de embarcar com o Anjo, pois até o Bobo percebera que estavam em pecado. O Anjo nem sequer falou com eles.

121. Concordar (em embarcar com o Diabo).

Frade

480 Agasalhai-me lá Frorença,
e cumpra-se esta sentença,
e ordenemos de partir.

*Tanto que o Frade foi embarcado, veio uma
Alcoviteira[122], por nome Brísida Vaz, a qual, chegando
à barca infernal, diz desta maneira:*

Brísida

Houlá da barca! Houlá!

Diabo

Quem chama?

Brísida

Brísida Vaz.

Diabo

485 Eh! Aguarda-me, rapaz![123]
Como nom vem ela já?

Companheiro

Diz que nom há de vir cá
sem Joana de Valdês[124].

---

122. *Alcoviteira* é fofoqueira, mulher empenhada em assuntos de *alcova* (quarto íntimo). É uma espécie de cafetina, pois vivia de arranjar mulheres (virgens) para homens que lhe pagassem.

123. O Diabo dirige-se ao Ajudante para, em seguida, falar com o novo passageiro.

124. Joana de Valdês foi mencionada antes pelo Onzeneiro. Devia ser pessoa conhecida na época. Marques Braga, citando José Montesinos, acha que pode estar associada ao bispo A. Valdês, que tinha uma moça chamada Lucrécia. O Companheiro afirma que Brísida só consentiria em embarcar depois de seduzir Joana de Valdês.

Diabo
Entrai vós, e remareis.

Brísida
490   Nom quero eu entrar lá.

Diabo
Que saboroso arrecear!...[125]

Brísida
Nom é essa barca que eu cato[126].

Diabo
E trazeis vós muito fato?[127]

Brísida
O que me convém levar.

Diabo
495   Que é o que haveis de embarcar?

Brísida
Seiscentos virgos postiços[128]

---

125. Que receio saboroso! Pura ironia.

126. Quero, desejo.

127. *Fato* é qualquer bem móvel, como roupas, joias etc. Pela resposta de Brísida, vê-se que os seus únicos bens eram hímens (*virgos*).

128. Luís Francisco Rebello, seguindo Marques Braga, informa que o índex de proibição (censura) de 1624 cortou este verso. Em rigor, *virgo* é termo latino para *virgem*. No sentido de *virgindade*, como no texto, é palavrão. Seria como se Brísida dissesse, em termos atuais, que traz por bem *seiscentos cabaços*. Isto é, ela seduzira seiscentas virgens, sob encomenda. O resto de sua fala, como a fala inicial de todos os passageiros que chegam, dá a medida de seu caráter e de sua vida. Ela tem por glória desencaminhar meninas. Para isso, lançava mão de feitiços. Por outro lado, a expressão *virgos postiços* sugere que as mulheres arranjadas por Brísida não eram virgens.

e três arcas de feitiços
que nom podem mais levar.
Três almários[129] de mentir
500   e cinco cofres de enleios[130],
e alguns furtos alheios,
assi em joias de vestir;
guarda-roupa de encobrir,
enfim – casa movediça[131];
505   um estrado de cortiça,
com dous coxins de embair.
A mor cárrega que é:
essas moças que vendia.
Daquesta mercaderia
510   trago-a eu, muito à bofé![132]

Diabo
Ora ponde aqui o pé.

Brísida
Hui! E eu vou pera o paraíso!

Diabo
E quem te dixe a ti isso?

---

129. Armários cheios de mentira.

130. Cofres cheios de sedução (*enleio*), furtos e joias.

131. Tudo o que Brísida traz é transitório (*movediço*), assim como o Fidalgo trouxera o pajem e a cadeira; o Onzeneiro a bolsa; o Frade as armas e a namorada. O Judeu trará um bode, conforme se afirmou em nota anterior. Na morte, cada um leva a insígnia de sua vida. Brísida traz também *dois coxins de embair*: almofadas de enganar. Sua maior insígnia são as meninas, isto é, seus hímens.

132. De boa fé. Com orgulho e convicção.

AUTO DA BARCA DO INFERNO ∻ 77

Brísida

Lá hei de ir desta maré.
515   Eu sou uma mártela[133] tal,
açoutes tenho levados
e tormentos suportados
que ninguém me foi igual.
Se fosse ao fogo infernal
520   lá iria todo o mundo![134]
A estoutra barca, cá fundo,
me vou eu, que é mais real[135].

E chegando à barca da Glória, diz ao Anjo:

Brísida

Barqueiro, mano, meus olhos[136].
Prancha a Brísida Vaz!

Anjo

525   Eu não sei quem te cá traz...

Brísida

Peço-vo-lo de giolhos![137]
Cuidais que trago piolhos,
anjo de Deus, minha rosa?
Eu sou aquela preciosa
530   que dava as moças a molhos[138].

---

133. *Mártela* é feminino de *mártel*: mártir (A. J. Saraiva).

134. Brísida diz que fora torturada em vida, como acontecia com feiticeiras e alcoviteiras. Depois, afirma que se fosse condenada, então todo mundo também deveria ser. Ela pensa que todo mundo comete faltas iguais às suas.

135. É melhor.

136. Brísida simula afeto pelo Anjo.

137. Joelhos.

138. Aos montes.

A que criava as meninas
pera os cônegos da Sé...[139]
Passai-me, por vossa fé,
meu amor, minhas boninas,
535 olhos de perlinhas[140] finas!
E eu sou apostolada,
engelada e martalada[141]
e fiz cousas mui divinas.
Santa Úrsula nom converteu
540 tantas cachopas[142] como eu:
todas salvas polo meu[143]
que nenhuma se perdeu.
E prouve àquele do céu
que todas acharam dono.
545 Cuidais que dormia eu sono?
Nem ponto se me perdeu!

Anjo

Ora vai lá embarcar,
não estês importunando.

Brísida

Pois estou-vos eu contando
550 o porque me haveis de levar.

---

139. Brísida julga convencer o Anjo dizendo-lhe que arranjava meninas para padres.

140. Pérolas pequeninas.

141. *Engelada* pode significar *engelhada*, isto é, enrugada de tanto sofrer. *Martalada*: martirizada (de *mártel*).

142. Moças. Brísida julga ter ensinado o bom caminho às moças que seduziu. Por isso, considera-se superior a Santa Úrsula.

143. Por meu intermédio todas se salvaram, isto é, ficaram com homens.

Anjo

Não cureis de importunar[144],
que não podeis ir aqui.

Brísida

E que má hora eu servi,
pois não me há de aproveitar!

Torna-se Brísida Vaz à barca do Inferno, dizendo:

Brísida

555   Hou barqueiros da má hora!
Que é da prancha[145], que eis me vou?
E há já muito que aqui estou
e pareço mal cá de fora.

Diabo

Ora entrai, minha senhora,
560   e sereis bem recebida...
Se vivestes santa vida,
vós o sentireis agora...

*Tanto que Brísida Vaz se embarcou, veio um Judeu com um
bode às costas; e chegando-se ao batel dos danados, diz:*

Judeu

Que vai cá, hou marinheiro?

Depois, Brísida afirma que trabalhou sem descanso, nem dormia. Não perdeu nenhuma tentativa (*nem ponto*). Ela afirma ter o merecimento dos apóstolos, dos anjos e dos mártires (A. J. Saraiva).

144. Pare de incomodar.
145. Onde está a prancha?

Diabo

Oh! Que má hora vieste![146]

Judeu

565   Cuja é[147] esta barca que preste?

Diabo

Esta barca é do barqueiro.

Judeu

Passai-me, por meu dinheiro[148].

Diabo

E o bode há de cá vir?

Judeu

Pois também o bode há de ir.

Diabo

570   Que escusado[149] passageiro!...

Judeu

Sem bode, como irei lá?

Diabo

Nem eu nom passo cabrões![150]

---

146. O Diabo não gostou da vinda do Judeu. Não o quer receber, porque ele insiste em preservar sua religião mesmo depois da morte. O bode é insígnia do judaísmo.

147. De quem.

148. Leve-me, porque sou rico.

149. Desnecessário.

150. Bodes, cornudos.

Judeu

Eis aqui quatro tostões
e mais se vos pagará.
575   Por vida do Semifará
que me passeis o cabrão!
Quereis mais outro tostão?[151]

Diabo

Nenhum bode há de vir cá.

Judeu

Porque nom irá o judeu
580   onde vai Brísida Vaz?
Ao senhor meirinho apraz?
Senhor meirinho[152], irei eu?

Diabo

E ao fidalgo, quem lhe deu
o mando, dize, do batel?

Judeu

585   Corregedor, coronel,
castigai este sandeu!
Azará, pedra miúda,
lodo, chanto, fogo, lenha,
caganeira que te venha,
590   má corrença que te acuda!

---

151. Vendo-se recusado pelo Diabo, o Judeu tenta suborná-lo. *Semifará* pode ser seu nome.

152. O Judeu, em vida, era acostumado a mandar nas autoridades. Por isso, ordena que o Fidalgo (também chamado juiz, coronel, meirinho – era tudo) interceda em seu favor junto ao Diabo. Este, adiante, afirma que o Fidalgo não mandava nada ali.

Par al deu que te sacuda
co'a beca nos focinhos!
Fazes burla dos meirinhos?
Dize, filho da cornuda![153]

Joane

595 Furtaste a chiba[154], cabrão?
Pareceis-me vós a mim
gafanhoto d'Almeirim
chacinado em um seirão[155].

Diabo

Judeu, lá te passarão,
600 porque vão mais despejados[156].

Joane

E ele mijou nos finados
na ergueja de São Gião!
E comia a carne da panela
no dia de Nosso Senhor!
605 E aperta o salvador,
e mija na caravela![157]

---

153. Esta fala é um xingamento contra o demônio, como aconteceu com todos os demais passageiros. *Sandeu* é louco; *chanto*: canto; *corrença*: cagaⁿeira; *par al deu*: por Deus; *beca*: roupa de magistrado. O Judeu queixa-se de que o Diabo não respeita os meirinhos (Oficial de Justiça); por extensão, toda a Justiça. O Judeu, em vida, tinha controle sobre ela.

154. Cabra.

155. Morto numa festa (significado possível).

156. Vazios. O Diabo não quer levar o Judeu. Manda-o para a barca do Anjo.

157. Esta fala do bobo Joane, que está de lado, reforça a acusação contra o Judeu: mijava na igreja e comia carne em Sexta-feira da Paixão. É possível que haja alusão à tortura de Cristo pelos judeus em *aperta o salvador*. O bobo expressa a visão dos católicos da época.

Diabo

Sus! Sus! Demos à vela!
Vós, Judeu, ireis à toa[158],
que sois mui ruim pessoa.
610 Levai o cabrão na trela![159]

*Vem um Corregedor carregado de feitos[160], e chegando
à barca do Inferno, com sua vara na mão, diz:*

Corregedor

Hou da barca!

Diabo

Que quereis?

Corregedor

Está aqui o senhor juiz!

Diabo

Ó amador de perdiz,
gentil cárrega[161] trazeis...

Corregedor

615 No meu ar conhecereis[162]
que nom é ela do meu jeito.

---

158. O Diabo decide levar o Judeu, mas a reboque, isto é, numa embarcação rebocada pela sua. *Toa* pode significar a corda com que um barco puxa outro. Por outro lado, não haveria nesta passagem alusão ao mito do judeu errante, que deveria vagar eternamente sem paradeiro?

159. Coleira.

160. Magistrado que corresponde ao juiz atual. Ele vem carregado de *feitos*, isto é, de autos ou processos.

161. Carga. o Diabo afirma que o juiz admira coisas boas à mesa: *amador de perdiz*. Sua carga é *gentil* por ironia, porque se trata de acusação de crimes, o que é simpático para o Diabo.

162. Por meu aspecto reconhecereis.

Diabo
Como vai lá o direito?

Corregedor
Nestes feitos o vereis.

Diabo
Ora pois, entrai, veremos
620 que diz í nesse papel[163].

Corregedor
E onde vai o batel?

Diabo
No inferno vos poeremos.

Corregedor
Como?! À terra dos demos
há de ir um corregedor?!

Diabo
625 Santo descorregedor[164],
embarcai e remaremos.
Ora entrai, pois que viestes.

Corregedor
Nom é *de regulae juris*[165], não.

---

163. Nos autos.

164. Pelo termo *descorregedor*, o Diabo sugere que o juiz não corrige nada. Pelo contrário.

165. Para caracterizar, ironicamente, a linguagem jurídica, Gil Vicente coloca inúmeras frases em latim bárbaro (macarrônico) na boca do juiz. O Diabo procede da mesma forma. *De regulis juris*: não é da regra do direito. *Ita! Ita!*: sim, sim. Esta tradução e as demais apresentadas a seguir foram extraídas de Marques Braga.

Diabo

Ita, ita! Dai cá a mão,
630 remareis um remo destes.
Fazeis conta que nascestes
pera nosso companheiro.
– Que fazes tu, barzoneiro?[166]
Faze-lhe essa prancha prestes!

Corregedor

635 Oh! Renego da viagem
e de quem me há de levar!
Há aqui meirinho do mar?[167]

Diabo

Não há cá tal costumagem.

Corregedor

Nom entendo esta barcagem
640 nem *hoc non potest esse!*[168]

Diabo

Se ora vos parecesse
que nom sei mais que linguagem!...
Entrai, entrai, Corregedor!

Corregedor

Hou! *Videtis qui petatis*!
645 *Super jure majestatis*[169]
tem vosso mando vigor?

---

166. O Diabo dirige-se ao Ajudante, chamando-o vadio (*barzoneiro*).
167. O juiz pergunta se há meirinho do mar para suborná-lo, como fazia
em vida. O Diabo diz que lá não existe o costume das corrupções.
168. Isto não pode ser.
169. Vede o que reclamais. Acaso vosso poder está acima do direito de
majestade?

Diabo

Quando éreis ouvidor,
non ne accepistis rapina?[170]
Pois ireis pela bolina[171]
650 onde nossa mercê for.
Oh, que isca, esse papel
pera um fogo que eu sei!

Corregedor

Domine, memento mei![172]

Diabo

Non est tempus[173], bacharel!
655 *Imbarquemini in* batel
quia judicastis malicia.

Corregedor

*Semper ego justitia
fecit*[174], e bem per nivel.

Diabo

E as peitas[175] dos judeus
660 que vossa mulher levava?

Corregedor

Isso eu não o tomava,

---

170. Não recebestes propina?

171. Cabo náutico. O Diabo diz que o juiz irá perto dos cabos do navio, aludindo que, por causa dos autos, queimará no inferno.

172. O juiz invoca Deus: "Senhor, não esquecei de mim!"

173. Não há mais tempo, diz o Diabo. Depois, insiste em que o Corregedor embarque, por ele ter sempre julgado com malícia.

174. Eu sempre fiz justiça.

175. Propinas. O Diabo lembra ao Corregedor que a mulher dele recebia subornos.

eram lá percalços seus.
Nom som *peccatus* meus,
peccavit uxor mea[176].

Diabo

665 *Et vobis quoque cum ea*
não temuistis Deus.
A largo modo adquiristis
sanguinis laboratorum,
ignorantes peccatorum
670 *Ut quid eos non audistis?*[177]

Corregedor

Vós, arrais, *non legistis*
que o dar quebra os penedos?
Os dereitos estão quedos
si aliquid tradidistis...[178]

Diabo

675 Ora, entrai nos negros fados!
Ireis ao lago dos cães
e vereis os escrivães
como estão tão prosperados.

Corregedor

E na terra dos danados
680 estão os evangelistas?[179]

---

176. Não são pecados meus. Quem pecava era minha mulher.

177. E vós igualmente não temestes a Deus. Explorastes a valer os lavradores e não os atendestes.

178. Ó capitão, por acaso não lestes... que para se praticar a justiça é preciso receber alguma coisa? Essa é a ideia dos versos em latim e português.

179. Os homens da burocracia consideravam-se semelhantes aos evangelistas.

Diabo

Os mestres das burlas[180] vistas
lá estão bem fragoados[181].

*Estando o Corregedor nesta prática[182] com o Arrais infernal,
chegou um Procurador[183] carregado de livros e diz o
Corregedor ao Procurador:*

Corregedor

Ó senhor procurador!

Procurador

Beijo-vo-las mãos, juiz!
685   Que diz esse arrais? que diz?

Diabo

Que sereis bom remador[184].
Entrai, bacharel doutor,
e ireis dando na bomba[185].

Procurador

E este barqueiro zomba?
690   Jogatais de zombador?[186]
Essa gente que aí está
pera onde a levais?

---

180. Fraudes.
181. Atormentados.
182. Conversa.
183. Advogado do Estado.
184. O Diabo responde pelo Corregedor e ordena que o Procurador também embarque.
185. Dar na bomba é *bombear*: manipular um dispositivo que extrai a água que porventura entrou na embarcação.
186. Pretendeis passar por espirituoso?

Diabo

Pera as penas infernais.

Procurador

Dix![187] Nom vou eu pera lá!
695 Outro navio está cá
muito melhor assombrado[188].

Diabo

Ora estais bem aviado!...[189]
Entra, muitieramá![190]

Corregedor

Confessastes-vos, doutor?

Procurador

700 Bacharel som... – Dou-me ao demo!
Não cuidei que era extremo
nem de morte minha dor[191].
E vós, senhor corregedor?

Corregedor

Eu mui bem me confessei,
705 mas tudo quanto roubei
encobri ao confessor...

Procurador

Porque, se o nom tornais,

187. Interjeição de espanto, com ideia de rejeição.
188. Com melhor aspecto.
189. Bem arranjado. Pura ironia.
190. Novamente, a expressão querida do Diabo: em muito má hora
(para o condenado, é claro, porque o Diabo exulta toda vez que pode usar
tal expressão).
191. Não imaginei que meu mal fosse mortal.

não vos querem absolver,
e é mui mau de volver
710   depois que o apanhais[192].

Diabo
Pois por que nom embarcais?

Procurador
Quia speramus in Deo[193].

Diabo
Imbarquimini in barco meo...
Pera que *esperatis* mais?[194]

Vão-se ambos ao batel da Glória, e, chegando, diz o
Corregedor ao Anjo:

Corregedor
715   Ó arrais dos gloriosos,
passai-nos nesse batel!

Anjo
Ó pragas pera papel[195],
pera as almas odiosos!
Como vindes preciosos,
720   sendo filhos da ciência!

---

192. A. J. Saraiva considera que esta fala deva ser atribuída ao Procurador. Teria havido erro na edição de 1518. O sentido: para obter a absolvição é preciso devolver as coisas roubadas; mas é difícil abrir mão do que se rouba.

193. Porque (ainda) temos esperanças em Deus.

194. Embarquemos no meu barco. Por que esperar mais?

195. O Anjo ataca os burocratas: *ó pragas para papel*.

Corregedor

Oh! *Habeatis* clemência[196]
e passai-nos como vossos!

Joane

Hou homens dos breviairos[197],
rapinastis coelhorum
725 *et pernis perdiguitorum*[198]
e mijais nos campanairos![199]

Corregedor

Oh! Não nos sejais contrairos,
pois nom temos outra ponte!

Joane

Beleguinis ubi sunt?[200]
730 *Ego latinus macairos*[201].

Anjo

A justiça divinal
vos manda vir carregados

---

196. Tende piedade.

197. Manuais. Ironia contra os que seguem os livros e não a consciência. Crítica ao uso mecânico das normas: burocracia.

198. Receberam como propinas coelhos e pernas de perdiz, segundo nota de S. Spina. O Diabo já dissera (verso 613) que o Corregedor era um "amador de perdiz".

199. Campanários: torre dos sinos de uma igreja. Isto é, o Corregedor e o Procurador são corruptos e não respeitam a religião. Notar que o Bobo Joane, que ficara de lado, ajuda o Anjo em sua tarefa de acusar.

200. Joane pergunta: Onde estão os beleguins?, isto é, os oficiais de justiça, para que executassem os dois.

201. Joane parece dizer que, na língua latina, ele é *macarrônico*, porque mistura português ao latim. Talvez, esta palavra derive do grego *mákar*, ou *makárius*, que significa riqueza, opulência. Assim, o Bobo estaria dizendo que seu latim é muito bom.

porque vades embarcados
nesse batel infernal.

Corregedor

735 Oh, nom praza a São Marçal
com a ribeira nem com o rio!
Cuidam lá que é desvario[202]
haver cá tamanho mal.

Procurador

Que ribeira é esta tal?

Joane

740 Pareceis-me vós a mi
como cagado nebri[203]
mandado no Sardoal.
Embarquetis in zambuquis![204]

Corregedor

Venha a negra prancha acá!
745 – Vamos ver este segredo.

Procurador

Diz um texto do Degredo...[205]

Diabo

Entrai, que cá se dirá!

---

202. Na terra, o tormento infernal é considerado excessivo.

203. Falcão (ave de rapina), segundo Luís Francisco Rebello.

204. Frases como esta têm função humorística. Ao usar palavras supostamente latinas, o Bobo pretende ostentar sabedoria.

205. Ao embarcar para o além, o Procurador lembra-se de uma passagem do Direito canônico, aludindo ao seu texto (*Degredo*).

E tanto que foram dentro do batel dos condenados, disse o
Corregedor a Brísida Vaz, porque a conhecia:

Corregedor
Oh! Esteis muitieramá[206],
senhora Brísida Vaz!

Brísida
750 Já siquer estou em paz,
que não me leixáveis lá[207].
Cada hora sentenciada:
"Justiça que manda fazer..."

Corregedor
E vós... tornar a tecer
755 e urdir outra meada...[208]

Brísida
Dizede, juiz d'alçada,
vem lá Pero de Lisboa?[209]
Levá-lo-emos à toa
e irá nesta barcada.

Vem um homem que morreu enforcado, e chegando ao batel
dos mal-aventurados disse o Arrais tanto que chegou:

Diabo
760 Venhais embora, enforcado!
Que diz lá Garcia Moniz?[210]

---

206. Neste caso, *muitieramá* é apenas uma forma de saudação.
207. Brísida, na outra vida, era perseguida pelo Corregedor. Todavia,
agora estão unidos.
208. Alusão às tramas com que Brísida costumava enganar pessoas.
209. Era escrivão conhecido em Lisboa.
210. A. J. Saraiva afirma que pode ter sido tesoureiro da Casa da Moeda.

Enforcado

Eu te direi que ele diz:
– Que fui bem-aventurado
em morrer dependurado
765 como o tordo na boiz[211],
e diz que os feitos que eu fiz
me fazem canonizado.

Diabo

Entra cá, governarás
até as portas do inferno.

Enforcado

770 Nom é essa a nau que eu governo.

Diabo

Mando-te eu que aqui irás.

Enforcado

Oh, não praza a Barrabás![212]
Se Garcia Moniz diz
que os que morrem como fiz
775 são livres de Satanaz...
E disse-me que a Deus prouvera
que fora ele o enforcado,
e que fosse Deus louvado,
que em boa hora eu cá nascera.
780 E que o Senhor me escolhera,
e por bem vi beleguins[213],

---

211. Como pássaro na armadilha.
212. Ladrão que foi libertado no lugar de Cristo, no Monte Calvário.
213. Oficiais de justiça.

e com isto mil latins[214],
mui lindos, feitos de cera.
E no passo derradeiro
785   me disse nos meus ouvidos
que o lugar dos escolhidos
era a forca e o Limoeiro[215].
Nem guardião do moesteiro
nom tinha tão santa gente
790   como Afonso Valente
que é agora carcereiro.

Diabo

Dava-te consolação
isso, ou algum esforço?

Enforcado

Com o baraço[216] no pescoço
795   mui mal presta a pregação...
E ele leva a devoção,
que há de tornar a jentar...
Mas quem há de estar no ar
avorrece-lhe o sermão.

Diabo

800   Entra, entra no batel,
que ao inferno hás de ir.

---

214. Termos incompreensíveis. Pela fala do Enforcado, fica claro que morreu por incompetência ou malícia de pessoas da lei. Nas palavras formais no momento da execução, Garcia Moniz lhe dissera que era honroso morrer naquelas condições e que isso lhe garantiria o céu.

215. Prisão famosa de Lisboa, em que estiveram presos Camões e Bocage.

216. Corda para enforcamento.

Enforcado

O Moniz há de mentir?
Disse-me que com São Miguel
jentaria pão e mel
805   tanto que fosse enforcado.
Ora já passei meu fado
e já feito é o burel[217].
Agora não sei que é isso.
Não me falou em ribeira,
810   nem barqueiro nem barqueira,
senão – logo ao paraíso.
Isto muito em seu siso[218],
e que era santo o meu baraço.
Eu não sei que aqui faço:
815   que é desta glória emproviso?[219]

Diabo

Falou-te no Purgatório?

Enforcado

Disse que era o Limoeiro[220],
e ora por ele o salteiro[221]
e o pregão vitatório[222];
820   e que era mui notório
que aqueles deciprinados[223]

---

217. Luto. Agora, o Enforcado surpreende-se com a condenação, pois acreditara nas palavras de Moniz.

218. Juízo, sabedoria.

219. Improviso: subitamente.

220. Prisão.

221. Saltério: livro de salmos.

222. Discurso que se fazia antes de se enforcar o condenado. Tal formalidade foi ridicularizada logo atrás.

223. Disciplinados: horas disciplinadas, castigos da prisão.

eram horas dos finados
e missas de São Gregório.

Diabo

Quero-te desenganar:
825   se o que disse tomaras,
certo é que te salvaras[224].
Não o quiseste tomar...
– Alto! Todos a tirar,
que está em seco o batel!
830   – Saí vós, Frei Babriel!
Ajudai ali a botar![225]

*Vêm quatro Cavaleiros cantando, os quais trazem cada
um a Cruz de Cristo, pelo qual Senhor e acrescentamento
de sua santa fé católica morreram em poder dos mouros[226].
Absoltos a culpa e pena per previlégio que os que assi
morrem têm dos mistérios da Paixão d'Aquele por quem
padecem, outorgados por todos os Presidentes Sumos
Pontífices da Madre Santa Igreja; e a cantiga que assi
cantavam, quanto à palavra dela, é a seguinte:*

Cavaleiros

"À barca, à barca segura,
barca bem guarnecida,
à barca, à barca da vida!

835   Senhores, que trabalhais
pola vida transitória,

---

224. Se tivesses tomado as missas de que falaste, te salvarias.

225. A maré baixou. O Diabo quer partir e ordena aos passageiros que trabalhem. Em especial dirige-se ao Frade (Frei Babriel).

226. Em guerra santa contra islamitas, no norte da África. Os cavaleiros são cruzados.

memória, por Deus, memória
deste temeroso cais!
À barca, à barca, mortais,
840 barca bem guarnecida,
à barca, à barca da vida!

Vigiai-vos, pecadores,
que, despois da sepultura,
neste rio está a ventura[227]
845 de prazeres ou dolores![228]
À barca, à barca, Senhores,
barca mui nobrecida[229],
À barca, à barca da vida!"[230]

E passando per diante da proa do batel dos danados assi cantando, com suas espadas e escudos, disse o Arrais da perdição desta maneira:

Diabo

Cavaleiros, vós passais
850 e nom preguntais onde is?

Cavaleiro

Vós, Satanás, presumis?[231]
Atentai com quem falais!

Outro Cavaleiro

Vós que nos demandais?
Siquer conheceis-nos bem:

227. Felicidade, sorte.
228. Dores.
229. Enobrecida.
230. Os Cruzados exaltam a vida, embora se encaminhem para a morte. Tal apreço pela vida celestial é todo o ideal defendido neste auto.
231. Tendes a presunção de nos dirigir a palavra?

855 Morremos nas partes d'Além,
e não querais saber mais.

Diabo
Entrai cá! Que cousa é essa?
Eu não posso entender isto!

Cavaleiro
Quem morre por Jesu Cristo
860 não vai em tal barca como essa!

Tornam a prosseguir, cantando, seu caminho direito à barca
da Glória, e tanto que chegam diz o Anjo:

Anjo
Ó cavaleiros de Deus,
a vós estou esperando,
que morrestes pelejando
por Cristo, Senhor dos Céus!
865 Sois livres de todo o mal,
mártires da Madre Igreja,
que quem morre em tal peleja
merece paz eternal.

E assi embarcam.

Auto
das Barcas
que fez Gil Vicente.
Per sua mão corregido
e empremido per seu mandado.
Pera o qual e todas suas obras tem
privilégio del Rei nosso senhor,
com as penas e do teor que
pera o Cancioneiro
Geral Português
Se houve.

Gil Vicente
e o Barulho de Lisboa
(Vida e Obra)

Ivan Teixeira

Estátua de Gil Vicente. Escultura de Francisco de Assis Rodrigues.
Teatro Nacional de Almeida Garrett, em Lisboa.

Origens

Não se sabe com certeza nem a data nem o lugar de nascimento de Gil Vicente, pois, antes da Revolução Francesa, só se registravam pessoas da nobreza. Deve ter nascido por volta de 1465, quando ainda reinava D. Afonso v, terceiro rei da dinastia de Avis. Portugal já se lançara à aventura marítima. Achava-se, então, em plena exploração das costas ocidentais da África. Um pouco mais, e uniria Oriente e Ocidente pelos oceanos, mediante a viagem de Vasco da Gama, concluída em 1498. Diversos lugares disputam o privilégio de ser a cidade natal do dramaturgo: Barcelos? Guimarães? Lisboa? Problema insolúvel. Nas mesmas condições encontram-se dados essenciais sobre Camões. Quanto à morte de Gil Vicente, parece ter ocorrido entre 1536 e 1537. Nessa altura, Camões tinha cerca de onze anos. Instalava-se em Portugal o tribunal da Santa Inquisição. Sá de Miranda, que estivera alguns anos em estudos na Itália, retorna a Portugal em 1527, trazendo consigo as novidades técnicas e temáticas do Classicismo renascentista. Aliás, Gil Vicente não se importaria muito com essas novidades, em virtude de sua formação acentuadamente medieval e conservadora.

Sua estreia como teatrólogo cortesão deu-se por ocasião do nascimento do filho de D. Manuel, o futuro rei D. João III, em 8 de junho de 1502. Para homenagear o nascimento do príncipe, Gil Vicente penetrou na câmara da rainha D. Maria (segunda mulher de D. Manuel) e, aí, diante do berço do recém-nascido, encenou o famoso *Monólogo do Vaqueiro* ou *Auto da Visitação*. Foi um sucesso. A rainha gostou tanto dessa breve fala dramática, que pediu para o ator a reproduzir no Natal seguinte. Gil Vicente aceitou voltar à corte, desde que pudesse trazer consigo sua equipe de saltimbancos, já bastante conhecida nas feiras e igrejas de Lisboa. No Natal de 1502, o dramaturgo tomou à corte, não para repetir o monólogo, mas para encenar uma peça de verdade, com diálogos e personagens vivas: *Auto Pastoril Castelhano*. Se o monólogo fora escrito em saiaguês (dialeto extinto), nesse auto foi adotado o espanhol, língua então muito comum em Portugal. Depois disso, Gil Vicente foi contratado como mestre de cerimônias da corte de D. Manuel, isto é, passou a ser o organizador das festas palacianas, cuidando dos preparativos de casamentos, batizados, encontros diplomáticos ou simples reuniões de entretenimento. Nessas ocasiões, ele costumava encenar seus autos. Aliás, ele não apenas os escrevia. Dirigia-os e participava como ator. Manteve tais funções até 1536, ano de sua última peça, *Floresta de Enganos*.

Um ou Três "Gis Vicentes"?

Em virtude do caráter moralizante de suas críticas, que veiculavam mensagens sancionadas pelo rei, Gil Vicente conquistou enorme prestígio na corte de D. Manuel. Com a morte deste, em 1521, a força pessoal do dramaturgo aumentou, pois participara dos festejos do nascimento do príncipe que se tornou rei. Nessa altura, já não era apenas chefe do cerimonial, mas também ourives da rainha D. Leonor (viúva de D. João II) e mestre da balança da Casa da Moeda (atividade ligada às finanças). Além disso, aconselhava D. João III em assuntos morais e políticos. Assim é que pôde defender os judeus portugueses contra os perversos dominicanos, ordem então responsável pelas ideias inquisitoriais em Portugal.

Há dúvidas quanto às funções exercidas por Gil Vicente na corte portuguesa. Que era dramaturgo, não resta a menor dúvida. Sobre o que há incertezas é se o "trovador", como era conhecido na corte, teria sido o mesmo que exerceu as funções de ourives e mestre da balança. Aliás, como ourives teria esculpido uma das mais preciosas peças da ourivesaria do Renascimento europeu, a célebre Custódia de Belém, que é um relicário em forma de torre, utilizado para se guardarem objetos preciosos.

Cenário e Relação das Peças

Nos trinta e quatro anos de carreira teatral, Gil Vicente escreveu e encenou mais de quarenta peças, em português, castelhano, e saiaguês. Geralmente, as encenações se davam nos salões do palácio real ou no quarto dos próprios reis (câmara), como deve ter sido o caso do *Auto da Barca do Inferno,* segundo a rubrica da edição de 1562. Não havia propriamente palco ou cenário para essas encenações; apenas um estrado com cortina e pouquíssimos objetos, como cadeira ou mesa. Na maioria dos casos, nem mesmo havia cortina, cujo uso representou um avanço a partir de um dado momento. Além de escrever, dirigir e encenar suas peças, Gil Vicente as imprimia em opúsculos, conhecidos como cordel, dos quais poucos chegaram até nós, como aconteceu com o *Auto da Barca do Inferno* e a *Farsa de Inês Pereira.* Por coincidência, seus melhores trabalhos.

Segue a relação de suas principais peças, antecedidas das datas de encenação:

1502 – *Monólogo do Vaqueiro; Auto Pastoril Castelhano.*
1503 – *Auto dos Reis Magos.*
1504 – *Auto de S. Martinho.*
1509 – *Auto da Índia.*

1512 – *O Velho da Horta.*

1514 – *Exortação da Guerra.*

1515 – *Quem Tem Farelos.*

1517 – *Auto da Barca do Inferno.*

1518 – *Auto da Barca do Purgatório; Auto da Barca da Glória; Auto da Alma.*

1522 – *Pranto de Maria Parda; Dom Duardos.*

1523 – *Farsa de Inês Pereira; Auto Pastoril Português.*

1525 – *O Juiz da Beira.*

1526 – *Breve Sumário da História de Deus.*

1527 – *Farsa dos Almocreves; Auto Pastoril da Serra da Estrela.*

1528 – *Auto da Feira.*

1529 – *O Clérigo da Beira.*

1532 – *Auto da Lusitânia.*

1533 – *Romagem de Agravados; Auto de Amadis de Gaula.*

1534 – *Auto de Mofina Mendes.*

1536 – *Floresta de Enganos.*

LISBOA RENASCENTISTA

No tempo de Gil Vicente, Lisboa era a corte mais rica da Europa. O seu porto (a Ribeira das Naus) era extremamente movimentado, pois aí atracavam navios de todos os continentes, vindos da África, da Índia, da China e do Brasil. Neles, transportavam-se especiarias, sedas, ouro, joias, marfim, prata, pedras preciosas, perfumes e... escravos. Em função disso, as ruas da cidade fervilhavam de comerciantes europeus. Portugal estava, enfim, no apogeu de seu poderio. Pouco antes da estreia de Gil Vicente, Vasco da Gama descobrira o caminho marítimo das Índias, conforme se viu antes. Em seguida, foi a vez do Brasil. Todavia, na altura da morte do dramaturgo, o império português começou a desmoronar. Tentando evitar a falência, D. João

III deu início ao processo de colonização do Brasil, dividindo-o em capitanias hereditárias.

Apesar do rápido declínio do esplendor econômico de Portugal, os reinados de D. Manuel e D. João III foram propícios ao desenvolvimento das artes. Além do teatro vicentino, floresceu nessa época a Poesia Palaciana, compilada por Garcia de Resende no *Cancioneiro Geral* (1516), no qual Gil Vicente colaborou como poeta lírico. A origem dessa poesia é mais antiga; vem do reinado de D. João II, o rei responsável pelo Tratado de Tordesilhas. Além disso, no início do século XVI, surgiu uma vigorosa arquitetura, cujo estilo é chamado manuelino, com motivos que lembram a navegação e os contatos com os povos orientais. Já no reinado de D. João III, foram produzidas as obras literárias de Sá de Miranda, Antônio Ferreira, Bernardim Ribeiro e Luís Vaz de Camões. Esses autores ora seguiam o estilo novo do Renascimento (Classicismo), ora prendiam-se ao estilo medievalizante, como foi o caso do próprio Gil Vicente e de Cristóvão Falcão. Em 1562, ainda durante o reinado de D. João III, os filhos do "trovador", Paula e Luís Vicente, organizaram a edição da obra completa do pai, publicada em cinco livros com o título de *Compilaçam de Todalas Obras de Gil Vicente*.

O pai do teatro português viveu num tempo de grandes artistas e escritores, pois sua existência coincidiu com o Renascimento, sendo ele próprio um de seus maiores representantes na Europa, dentro da tendência medievalizante, é bom ressaltar. Dentre os principais nomes, convém lembrar os seguintes: Michelangelo (*Teto da Capela Sistina*), Leonardo Da Vinci (*Mona Lisa*), Rafael (*A Escola de Atenas*), Tintoretto (*São Jorge e o Dragão*), Maquiavel (*O Príncipe*), Tomás Morus (*Utopia*), Erasmo de Roterdã (*Elogio da Loucura*), Ludovico Ariosto (*Orlando Furioso*), Torquato Tasso (*Jerusalém Libertada*) e Lutero (*Noventa e Cinco Teses*), entre outros.

Moralismo Cético

Muito religioso e descrente dos valores terrenos, Gil Vicente teve o cuidado de escrever o próprio epitáfio, que seus filhos ampliaram, acrescendo-o de um outro que o pai escrevera para o túmulo de um amigo. Unidos, foram publicados na *Compilaçam*, da seguinte maneira:

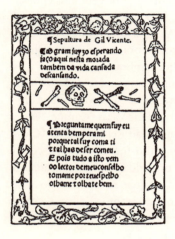

O gram juyzo esperando
jaço aqui nesta morada,
também da vida cansada
descansando.

Pregunta-me quem fuy eu,
atenta bem pera mi,
porque tal fuy com'a ti
e tal hás de ser com'eu.
E pois tudo a isto vem,
Ó leitor, de meu conselho,
toma-me por teu espelho
Olha-me e olha-te bem.

Bibliografia

ARAÚJO, Matilde Rosa. *Gil Vicente*. Lisboa, Ministério da Educação e Cultura, Série Educativa, 1974.

BRAGA, Marques. Prefácio e Notas para *Obras Completas de Gil Vicente*. 5ª ed., vol. II. Lisboa, Sá da Costa, 1974.

BUESCU, Maria Leonor Carvalhão. Introdução a *Compilaçam de Todalas Obras de Gil Vicente*. Vol. I, Lisboa, Imprensa Nacional / Casa da Moeda, 1984.

COSTA, Dalila Pereira da. *Gil Vicente e sua Época*. Lisboa, Guimarães Editores, 1989.

FIÚZA, Mário. Edição Didática, anotada e comentada do *Auto da Barca do Inferno*. Porto, Porto Editora, 1991.

FREIRE, Anselmo Braamcamp. *Vida e Obras de Gil Vicente – Trovador e Mestre da Balança*. Lisboa, Revista do Ocidente, 1944.

HANSEN, João Adolfo. *Alegoria: Construção e Interpretação da Metáfora*. São Paulo, Atual, 1986.

PRATT, Óscar. *Gil Vicente: Notas e Comentários*. 2ª ed. Lisboa, Clássica Editora, 1970.

QUINTELA, Paulo. Introdução ao *Auto de Moralidade da Embarcação do Inferno*. Coimbra, Atlântica, 1946.

_____. Introdução ao *Auto da Barca do Inferno*. S. l., Artis, 1954.

REBELLO, Luiz Francisco. Introdução e notas a *Os Autos das Barcas*. 3ª ed. Lisboa, Europa-América, 1977.

SARAIVA, Antônio José. Apresentação ao *Teatro de Gil Vicente*. Lisboa, Portugália, s.d.

_____. *História da Literatura Portuguesa*. (Col. História Ilustrada das Grandes Literaturas). Lisboa, Estúdios Cor, vol. II, pp. 50-68, 1966.

_____. *Gil Vicente e o Fim do Teatro Medieval*. 2ª ed., Lisboa, Europa-América, 1965.

SPINA, Segismundo. Introdução e Notas a *Obras-Primas do Teatro Vicentino*. São Paulo, Difusão Europeia do Livro / Edusp, 1970.

TEYSSIER, Paul. *Gil Vicente – o Autor e a Obra*. Lisboa, Ministério da Educação e das Universidades (Biblioteca Breve), 1982.

VIANA, Antônio Manuel Couto (coord.). *Gil Vicente*. Lisboa, Verbo, 1972.

VELOSO, Queirós. "Gil Vicente, Criador do Teatro Português". In: *História da Literatura Portuguesa Ilustrada* (org. de Albino Forjaz Sampaio). Lisboa, Aillaud e Brertrand, 1930.

Título	Auto da Barca do Inferno
Autor	Gil Vicente
Apresentação e Notas	Ivan Teixeira
Editor	Plinio Martins Filho
Produção Editorial	Aline Sato
Ilustrações	Manuel Lapa
Capa	Tomás Martins
Estabelecimento de Texto	Ivan Teixeira e
	Ivan Lobato Prado Teixeira
Composição	Daniela Fujiwara
Revisão	Ivan Teixeira
Formato	12 x 18 cm
Tipologia	Minion Pro
Papel de Miolo	Chambril Avena 80 g/m²
Papel de Capa	Cartão Supremo S 6 250 g/m²
Número de Páginas	112
Impressão e Acabamento	Bartira Gráfica